왜요, 아이돌이 어때서요?

왜요, 아이돌이 어때서요?

아이돌 문화 속 숨은 비밀

초판 1쇄 펴낸날 2026년 3월 20일

지은이 박주연 　　　　　　　　　　**편집** 김현정 김혜윤 이심지 이정신 이지원 홍주은
그린이 김가지 　　　　　　　　　　**디자인** 김태호
펴낸이 이건복 　　　　　　　　　　**마케팅** 신연경 임세현
펴낸곳 도서출판 동녘 　　　　　　　**관리** 서숙희 이주원

만든 사람들
편집 이지원 홍주은　　**디자인** 스튜디오 헤이,덕

인쇄·제본 영신사　　**라미네이팅** 북웨어　　**종이** 한서지업사

등록 제311-1980-01호 1980년 3월 25일
주소 (10881) 경기도 파주시 회동길 77-26
전화 영업 031-955-3000 편집 031-955-3005 **팩스** 031-955-3009
홈페이지 www.dongnyok.com **전자우편** editor@dongnyok.com
페이스북·인스타그램 @dongnyokpub

ISBN 978-89-7297-203-7 (43300)

- 잘못 만들어진 책은 구입처에서 바꿔 드립니다.
- 책값은 뒤표지에 쓰여 있습니다.

왜요, 아이돌이 어때서요?

박주연 지음

동녘

아이돌을 좋아하니?

요즘 쇼츠나 릴스를 보다 보면 자주 접하게 되는 건 역시 아이돌이야. 무대 영상이나 댄스 챌린지, 심지어 팬 사인회 영상까지, 이전보다 훨씬 더 쉽고 빠르게 아이돌의 모습을 볼 수 있지. 게다가 내가 좋아하는 아이돌과 메시지를 주고받을 수 있는 플랫폼도 생겼어. 물론 친구들과 메시지를 주고받는 것처럼 할 수 있는 건 아니지만 아이돌을 조금 더 가깝게 느낄 수 있게 됐어. 한편으로 아이돌은 마치 우리와 다른 세계에 사는 존재처럼 느껴지기도 해. 세계 곳곳을 다니며 콘서트를 하고 수많은 사람들로부터 큰 사랑을 받으니까 말야. 그렇게 찬란하게 빛나는 이들을 좋아하고 응원하게 되는 건 당연한 일인 것 같기도 해. 나도 그랬거든. 사실 지금도 여전히 아이돌들을 사랑하고 있기도 하고. 하지만 아이돌을 좋아하는 일이

늘 즐겁고 재미있기만 했던 건 아냐.

　내가 좋아하는 아이돌이 '논란'에 휩싸이거나 범죄로 고발당하는 일이 생길 땐 어떻게 받아들여야 할지 몰라서 당황하기도 하고, 예쁘고 마른 몸의 최애를 보며 '저렇게 되어야 하는 걸까?' 고민하기도 했어. 아이돌을 좋아하는 마음이 정확히 어떤 마음인지 몰라서 혼란스럽기도 했지. 그 과정 속에서 실수를 하기도 했어. '나는 왜 저들처럼 될 수 없지?'라며 자신을 미워하거나 '내가 이렇게 좋아하는데 왜 저들은 내 맘에 안 드는 행동을 하는 거야?'라며 아이돌을 미워하기도 했어. 그래서 소위 말하는 '탈덕'(덕질을 그만 두는 것)이나 '휴덕'(덕질을 쉬는 것)을 하며 거리두기를 하던 때도 있었어. 하지만 그럼에도 또 멋있는 무대를, 날 힘나게 하는 노래를 또 발견하고 다시 아이돌을 사랑하게 됐어.

　아이돌을 좋아한다는 건 생각보다 쉬운 일은 아냐. '어른'들이 생각하는 것처럼 유치하고 시시한 시간 낭비도 아니지. 아이돌을 좋아하고, 그 문화 속에서 다양한 경험을 한다는 건 생각보다 많은 배움을 얻게 하거든. 아이돌 문화는 결국 우리 사회의 어느 부분이기도 하고,

그렇기에 우리 사회의 여러 논의와 연결되어 있거든. 예를 들어, '아이돌은 노동자인가?'라는 질문을 던져 볼까? 사실 지금 법에서 정하고 있는 '노동자'의 범위는 생각보다 협소해. 아이돌뿐만이 아니라 많은 예술가, 프리랜서 등 여러 직업들이 그 범위에 들어가지 못하거든. 이런 문제를 어떻게 봐야 할지 내가 좋아하는 아이돌을 통해 생각해 보는 거지. 그럼 좀 더 재미있잖아? 또한 요즘처럼 케이팝 아이돌이 전 세계 곳곳에서 인기를 얻고 있는 때에 덕질을 한다는 건, 다양한 문화를 배울 수 있는 기회이기도 해. 나와 다른 나라, 문화권에서 살고 있는 이들의 생각이나 행동에 대해서 생각해 보고 이야기도 나눌 수 있으니까 말야.

이 책에서 그런 이야기들을 해 보려고 해. 아이돌을 좋아하면서 고민했던 것이나 혹은 아이돌에 대해 미처 생각하지 못했던 것 그리고 아이돌을 둘러싼 문화의 비밀들을. 생각해 본 것도 있고 그러지 못한 것도 있을 거야. 여러분이 아이돌 팬이 아니라도 좋아. 어떤 것이든 마음을 열고 함께 생각해 봤으면 좋겠어. 그리고 느껴 봤으면 좋겠어. '좋아한다'는 감정이 내 세상을 넓혀 줄 수 있다는 걸.

여돌과 남돌은 뭐가 달라요?

함께 생각하기 성 역할 고정관념

외모지상주의가 삼킨
케이팝 월드

좋아하니까, 응원하니까 그런 거예요

아이돌도 일하는 사람입니다만?

 아이돌도 노동자인데요? _94

 아이돌, '연습'만 하다 끝났으면은요? _102

함께 생각하기 노동자의 권리

덕질하면서 '정치적' 목소리 내면 안 돼요?

함께 생각하기 정치

'모두'가 즐기는 케이팝 시대

1장

여돌과 남돌은 뭐가 달라요?

당장 우리 주변만 둘러봐도 아직 '여자는 문과' '남자는 이과' 하고 경계선을 긋는 것을 쉽게 볼 수 있어. 여자애들은 벤치에 앉아 수다를 떨고, 남자애들은 운동장에서 뛰어놀아야 한다는 것 모두 성 역할 고정관념을 만드는 말이지. 누구나 벤치에 앉아서 쉴 수 있고, 축구공을 찰 수 있어. 그렇다면 고정관념을 뛰어넘어 성별의 경계를 넘나드는 아이돌의 모습은 얼마나 멋질까?

'여자라서' '남자라서' 꼭 해야 하는 일은 없다는 것을 기억하자.

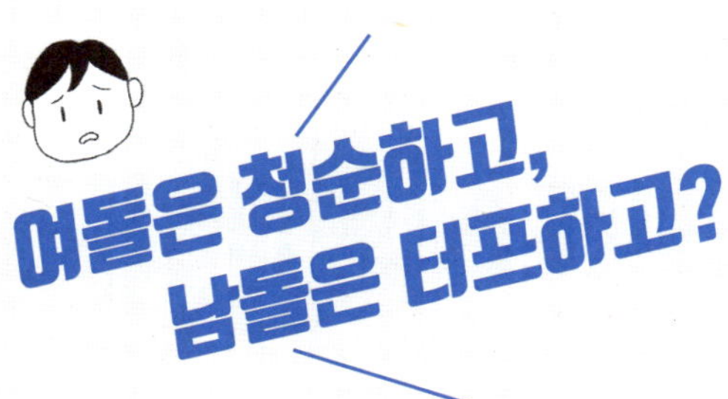

여돌은 청순하고,
남돌은 터프하고?

내 최애도 수트 입고
춤을 춰 주면 좋겠어.

그런 건 남자아이돌이나
하는 거지.
아니야. 그런 게 어딨어.
요즘엔 남자아이돌도
크롭티 입고 그러는데.

에이, 그래도 여자는 여자답고
남자는 남자다워야지.
칫!

아이돌의 시작을 언제, 누구로 볼 것인지에 대해선 사람마다 의견이 다르지만 보통은 1990년대 중반, 10대 청소년들로 구성된 그룹이 등장하면서부터라고 보는 게 정설이야. 이른바 1세대 아이돌의 등장이지. 그때부터 지금까지 아이돌은 대체로 남자아이돌(남돌)과 여자아이돌(여돌)로 나눠서 활동하는 경우가 대부분이었어. 그런데 혹시 생각해 본 적 있어? 사람들이 남돌과 여돌에게 기대하는 모습이 꽤 다르다는 거.

특히 1~2세대 아이돌 시절에는 그 차이가 뚜렷했어. 여돌은 '청순하고 가련한 소녀' 아니면 '섹시한 여신' 콘셉트가 많았고, 남돌은 '강하고 쿨한 전사' '반항기 가득한 악동' 이미지가 많았지. 여돌은 높은 하이힐에 노출이 심한 불편한 옷을 입었고, 남돌은 편한 신발에 품이 넉넉한 옷을 입었어.

같은 콘셉트여도 차이가 드러나는 가장 명확한 예로, 아이돌의 영원한 테마인 '스쿨룩'(교복)이 있어. 우리가 학교에서 입는 교복과는 조금 다르지? 그런데 남돌과 여돌의 교복도 포인트가 완전히 달라. 엑소의 〈으르렁〉 때를 생각해 보면, 그들은 긴 바지에 넥타이를 매고 격렬한 춤을 췄어. 교복이지만 활동하기 편해 보였지. 반면 여자친구의 〈유리구슬〉이나 러블리

즈의 〈Ah-Choo〉 등 여돌의 교복 패션은 어땠을까? 대체로 짧은 플리츠 스커트에 딱 붙는 셔츠, 그리고 구두. 활동성이 좋지는 않지. 많은 여돌은 무대에서 춤을 출 때마다 짧은 치마를 신경 써야 했어. 똑같이 '학생'을 표현하는데, 남자는 '활동적인 소년'을, 여자는 '단정하고 예쁜 소녀'를 강조하는 차이가 있었지.

보여지기 위한 옷 vs 움직이기 위한 옷

혹시 음악 방송 직캠이나 무대 영상에서 여돌들이 춤을 추는 중간중간 치마나 바지를 끌어내리는 모습을 본 적 있어? 짧은 치마 안에 속바지를 입긴 하지만, 동작이 커질 때마다 의상이 말려 올라가서 불편해하는 모습 말이야. 반면 남돌은 무대 위에서 공중제비를 돌거나 바닥을 쓰는 격한 동작을 해도 의상 때문에 신경 쓰는 일이 드물어. 그런 동작에 맞는 긴바지, 반바지를 입으니까. 이건 단순히 패션 취향의 문제가 아니야. 애초에 성별에 따른 의상의 차이가 존재한다는 거야. '보여지기 위한 옷'과 '움직이기 위한 옷'의 차이. 남돌도 몸의 선이 드러나는 딱 붙는 옷을 입기도 하지만 여돌과 남돌 중 누가 그런 옷을 더 많이 입을까 생각해 보면 답은 간단히 나와. 여돌의 의상이 퍼포먼스나 가수의 편안함보다는, 몸매를 보여주는 시각적인 부분에 더 집중하고 있다는 거.

스키니진을 입고 '귀엽고 상큼한 소년'임을 강조한 샤이니를 필두로 3세대 아이돌부턴 그 경계를 허무는 시도가 있었고, '청순 가련한 소녀'가 아니라 '당돌한 소녀'임을 뽐내는 뉴진스, 트리플에스 등 4세대 케이팝에선 그 변화가 더 자주 목격되긴 해. 하지만 그럼에도 남돌과 여돌이 보여 줘야 하는 어떤 틀, 사람들이 기대하는 모습이 완전히 변했다곤 볼 수 없어.

4세대 이후 여돌 사이에서 유행한 '팬츠리스 룩'이나 '마이크로 미니 스커트'는 당당함과 힙함을 드러내는 패션이라고 볼 수 있지만 여전히 다리 라인과 엉덩이 실루엣을 드러내. 반면 4세대 남돌은 소년미와 청량함을 추구하면서 큰 티셔츠, 와이드 청바지나 버뮤다 팬츠를 입지. 예전과 달리 이젠 여돌도 '운동' '스포츠'를 콘셉트로 활용할 때도 있어. 하지만 같은 스포티한 콘셉트를 할 때도 여전히 여돌과 남돌 사이엔 차이가 선명해. 여돌은 유니폼을 변형해 크롭티로 만들거나 몸의 선이 드러나도록 작게 줄여서 입는 데 반해 남돌은 헐렁하고 넉넉한 느낌을 그대로 살리거든.

이건 그냥 취향의 차이인 걸까? 그렇다면 대부분의 여자들은 정말 그렇게 작은 옷을 좋아하는 걸까? 속바지를 입고, 옷을 자주 체크해야 하는 불편함을 감수하면서까지? 그리고 정말 취향에 따라 의상을 입는다면 남자들 중에도 다리가 드러나는 옷을 입고 싶은 사람이 있지 않을까? 난 조금 이상하다는 생각이 들어. 사람의 취향은 당연히 다양할 수밖에 없는데, 고작 '성별'을 이유로 의상이 나뉜다는 게 말이야.

아이돌은 왜 성별에 따라 다른 걸까?

이 차이는 어디서 온 걸까? 기획사가 그렇게 정했기 때문일까? 물론 기획사에서 그런 걸 콘셉트로 잡았을 순 있어. 그럼 기획사는 왜 그런 선택을 하는 걸까? 그 뿌리는 오래된 사회의 규칙, 바로 '여자는 이래야 해' '남자는 이래야 해'라는 기대에서 시작돼. 이걸 '성 역할 고정관념'이라고 해. 말이 좀 어려울 수 있는데, 쉽게 말하면 이런 거야.

- 여자는 약하고, 귀엽고, 때로는 청순하거나 섹시해야 해.
- 남자는 강하고, 터프하고, 리더십 있고, 감정을 잘 드러내면 안 돼.

- 여자는 가정을 따뜻하게 돌보는 사람이야.
- 남자는 가족을 책임지고 이끄는 사람이야.
- 여자라면 긴 머리에 화장을 하고 날씬한 몸을 유지해야지.
- 남자라면 수수하고 무던하게 보여야 하고 멋진 근육을 자랑해야지.

성 역할 고정관념은 사회적으로 기대되는 여성과 남성의 전형적인 행동, 외모, 역할 등을 말해. 이런 고정관념은 케이팝에도 그대로 스며들었어. 여돌은 요정 같거나 섹시해야 하고, 남돌은 파워풀하고 카리스마 있어야 한다는 거지. 여돌과 남돌이 보여 줘야 하는 모습이 서로 달라야 하는 거야. 이게 무슨 문제냐고? 본인이 원해서가 아니라 단지 '성별'에 따른 이미지만을 맡게 된다는 게 문제인 거야. 아이돌이 성별이라는 경계를 허물고 넘나든다면 더욱 다양한 콘셉트를 보여 줄 수 있지 않을까?

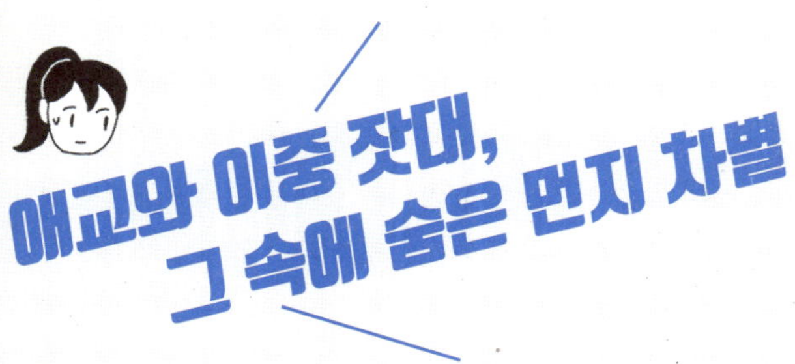
애교와 이중 잣대,
그 속에 숨은 먼지 차별

애교 3종 세트 시작!

아...
당황

그냥 한번 하지, 왜 저래?

응? 왜 그래야 해?
여자들은 애교 부리는 거
별거 아니잖아.

유독 여돌에게 더 요구되는 것이 하나 있어. 바로, 애교. 애교의 사전상 의미는 "남에게 귀엽게 보이는 태도"야. 누군가에게 귀엽게 보이고 싶은 마음과 그걸 표현하는 일에 잘못된 건 없지. 누구나 그런 마음을 가질 수 있고, 그걸 표현하는 걸 좋아하는 사람도 있으니까. 그 애교를 보는 것 또한 기분 좋아지는 일이기도 해. 근데 문제는 이게 누군가에겐 '의무'처럼 되어 버렸다는 거야. 그 대표적인 사례가 바로 여돌이야. 여돌은 "애교를 보여 주세요!"라는 요구를 수없이 받고, 거절하면 바로 '태도 논란'이라는 말이 붙지.

2013년 MBC 예능 프로그램 〈라디오스타〉에 카라가 출연했을 때의 일은 지금도 많은 사람들이 기억하는 일이야. 카라 멤버인 강지영 씨는 갑자기 애교를 보여 달라는 4명의 남성 MC들 앞에서 난처해했어. 그 MC들은 모두 강지영 씨보다 나이가 많았고 그중 세 명은 중장년 남성이었지. 이들의 성화에 난색을 표하던 강지영 씨는 결국 "애교 없는데 자꾸……"라고 말하며 눈물을 흘렸어. 이 일을 두고 애교를 강요한 이들에 대한 비판이 있었어. 그런데 거절한 강지영 씨를 향한 비난의 목소리도 있었어.

〈강지영 '애교 영상', 유재석 요구에는 바로 "오빠~"〉 (2013.
09. 06, 동아일보)
〈카라 강지영, 애교 요청에 '울음' 터뜨려…누리꾼들 "이
게 뭔가요~"〉 (2013. 09. 05, 디지털타임스)
〈'카라' 구하라·강지영, '라디오스타' 출연해 눈물… 태도
논란〉 (2013. 09. 05, 경향신문)

언론에서도 강지영 씨의 태도를 지적하며 그 일을 '논란'으
로 만들었어. '다른 여자아이돌은 하는데 왜 안 하냐' '과거엔
하더니 이젠 왜 안 하냐' '너무 예민하다'며 태도를 문제 삼은
거지. 하지만 이건 정말 태도의 문제인 걸까? 아니면, 그냥 여
돌이니까 당연히 해야 한다며 강요한 걸까?

다른 기준이 적용되는 여돌과 남돌

물론 요즘 아이돌에게도 애교는 거의 필수 코스야. 여돌, 남
돌 상관없이 다 하는 건데 왜 그렇게 유난스럽게 반응하냐는
말이 나올 순 있어. 하지만 우리가 그 애교를 바라보고, 받아
들이는 방식에는 분명히 차이가 있다는 걸 짚고 싶어. 여돌은

애교를 안 부리면 비난받는 데 비해 남돌은 어때? 남돌이 애교를 부리면 오히려 "귀엽다!" "팬서비스 최고!"라는 반응이 나오곤 해. 그런 반응엔 이런 생각이 깔려 있어. "'보통'의 남자들은 그런 애교를 하지 않는데, 남자임에도 불구하고 애교를 보여 주다니 대단하다!"라는 거지. 그러니까 똑같은 애교를 부려도 여돌과 남돌을 바라보는 기준이 달라.

그리고 이건 애교에서만 그치지 않아. 도덕적 잣대도 마찬가지야. 여돌에게 유독 더 깐깐하고 빡빡한 도덕적 잣대가 요구되는 경우가 많거든.

<여성 아이돌은 혼잣말도 사과해라?…억지 비난이 만든 '칼국수 사과문'> (2024. 01. 29, 한국일보)

칼국수를 모른다고 했다가 자필 사과문을 써야 했던 뉴진스의 민지, 딸기를 두 손으로 먹었다는 이유로 욕먹은 아이브의 장원영 이야기, 들어 봤지? 정말 이런 게 논란이 될 일일까? 그에 반해 남돌의 경우는 어떨까? 물론 어떤 실수나 잘못을 했을 때 비난의 대상이 되는 건 비슷할 수 있어. 하지만 사람들의 반응은 좀 달라. 음주운전, 폭행, 심지어 범죄에 연루돼도 "자숙 후 복귀"라는 말이 너무 익숙해. 심지어 어떤 팬들

은 오히려 "힘든 시기를 함께 이겨내자"고 하며 잘못을 감싸기도 하지. '(남자는) 그럴 수 있다, 실수할 수 있다, 잘못할 수도 있다'는 거지. 이 차이는 우연이 아니야. 남자는 실수를 쉽게 용인받고, 여자는 더 조심하고 예의 바르길 기대하는 규범 때문이야. "남자애들은 원래 가끔 사고도 치고, 과한 장난도 치는 거다"라는 말은 꽤 익숙하지? 그렇다면 "여자애들은 원래 가끔 사고도 치고, 과한 장난도 치는 거다"라는 말은 어때? 익숙해, 아니면 어색해?

은은하게 작동하는 '먼지 차별'

요즘은 "여자라서 안 돼" 같은 대놓고 차별하는 말은 잘 안 해. 대신 말과 행동에 소소한 차별이 숨어 있어. 이걸 먼지 차별이라고 불러. 영어로는 마이크로어그레션(Microaggression)이라고 하는데, '아주 작은(Micro) 공격(Aggression)'이라는 뜻이야. 그러니까 아주 작아서 잘 안 보일 정도이지만 분명히 누군가에겐 공격이 되는 그런 차별이라는 거지.

BBC 뉴스 코리아의 〈미묘하지만 만연한 직장 내 '먼지 차별'〉(2018. 4. 20) 기사에 담긴 먼지 차별의 예시는 이런 거야.

- 여성 CEO에게: "사장님(CEO)과 얘기 좀 할 수 있을까요?"
- 남자 간호사에게: "와, 남자 간호사 보기 드문데."
- 성소수자 인턴에게: "게이처럼 안 보이시네요."
- 백인이 아닌 동료에게: "어느 나라 사람이에요? 아니, 제 말은 진짜 태어난 곳이 어디냐고요."

학교 내에서도 마찬가지야. 예를 들어 여학생들은 문과에 가고, 남학생들은 이과에 간다고 여기는 것처럼 말이야. 이런 말들은 어떤 사람이 가진 한 가지 정체성을 통해 그 사람을 멋대로 판단하는 일이고, 그 정체성에 대한 편견과 고정관념이 작동된 것이기도 해. 나쁜 의도가 있었든 아니든 말야. 별거 아닌 말처럼 보일 수 있지만, 이런 차별이 계속 반복되는 건 결국 누군가의 개성을 지우는 일이고, 고정된 틀을 계속 강요하는 거야.

여돌과 남돌에게 규범적 여성성과 남성성을 요구하는 것, 그에 따른 차이가 발생하는 것, 그리고 같은 기준으로 평가받지 않는 것도 마찬가지야. 그게 바로 차별이야.

세상을 구하는 남돌 VS
사랑에 빠진 여돌

날 사랑해~

예전엔 여자아이돌은
'오빠 사랑해' 이런 노래 불렀는데,
요즘은 그래도 세상이 좋아졌어.

좋긴 한데, 가끔은
여자아이돌이 세상에 맞서는
전사로 나오는 걸 보고 싶어.

그래도 여자아이돌한텐
귀여운 게 어울리지~

세계관부터 돌아본다면

　요즘 케이팝 아이돌에게서 빠지지 않는 것 중 하나는 '세계관'이야. 각 그룹마다 마치 영화처럼 배경 스토리와 각 캐릭터가 가진 서사나 특징이 있거든. 이 세계관을 분석하고 발매되는 노래와 뮤직비디오를 그에 맞춰 해석하는 것 또한 팬들에겐 소소한 재미야. 근데 이 세계관에도 성별의 차이가 있다는 사실, 알고 있어?

　혹시 에이티즈나 엔하이픈의 뮤직비디오를 본 적 있니? 에이티즈는 감정이 통제된 세상에서 정부군에 맞서 싸우는 해적이 되어 혁명을 일으키고, 엔하이픈은 피를 갈구하는 뱀파이어가 되어 자신의 운명에 대해 고뇌해. 남돌의 세계관은 마치 SF 액션 영화나 어두운 판타지물 같아. 거대한 시스템을 부수거나 세상을 구하기 위해 피와 땀을 흘리지. 반면 여돌들은 어때? 아이브는 괴물과 싸우지 않아. 대신 거울 속의 나와 사랑에 빠지지. 르세라핌도 비슷해. 세상의 시선 따윈 두려워하지 않고 자신의 성공과 야망을 이야기해. 남돌들은 외부의 적과 직접적으로 거칠게 싸우는 모습을 보여 준다면, 여돌은 아름답고 우아하게 자신이 원하는 메시지를 전달해. 차이를 알겠지? 어느 쪽이 더 좋다거나 더 낫다의 문제가 아니라, 분명한 차이가 있다는 거지.

물론 모든 그룹이 그렇다는 건 아냐. 에스파 같은 여돌도 있으니까. 그렇지만 에스파가 '쇠맛'을 내는 '다른' 매력으로 인기를 얻은 걸 생각해 봐. 그들이 다를 수 있었던 건 그런 여돌이 많지 않았다는 의미잖아. 그동안 왜 이런 쇠맛의 여돌은 없었던 건지 생각해 볼 필요가 있지.

가사에 담긴 메시지에도 차이가 있을까?

노래 가사에서도 차이는 드러나. 물론 여돌의 가사는 과거와 달라지긴 했어. 과거엔 "오빠"를 부르며 "나를 봐" 같은 수동적인 모습을 드러냈다면 최근엔 '난 내가 너무 좋아' '내가 제일 소중해' 같은 자기애가 중심이거든. 남들이 정한 기준이 아니라 그냥 나로 살겠다는 선언도 있어. 물론 자기애를 갖는 건 분명 중요해. 내가 가진 무언가, 드러내고 싶은 무언가를 힘껏 추진하는 것도 중요하고. 그러니까 그들의 노래를 사랑할 수밖에 없지. 다만 한 번씩 조금 더 가사를 세세하게 들여다 봤으면 좋겠어. 콘셉트에서도 언급했던 것처럼, 가사에서도 남돌은 자신의 능력을 과시하고 포부를 드러낼 때 '패기'를 한층 더 강조하거든.

　여돌과 남돌 모두 '내가 최고'라는 메시지를 전한다는 점에
선 유사하지만 여돌이 밝고, 우아하고, 귀엽게 그걸 표현한다
면, 남돌은 어둡고 무게있고 거칠게 표현해. 그 차이가 어디서
오는지 이제 잘 알겠지? 바로 성 역할 고정관념에서 비롯된
거야.

'여돌'과 '남돌'이라는 이름을 넘어서

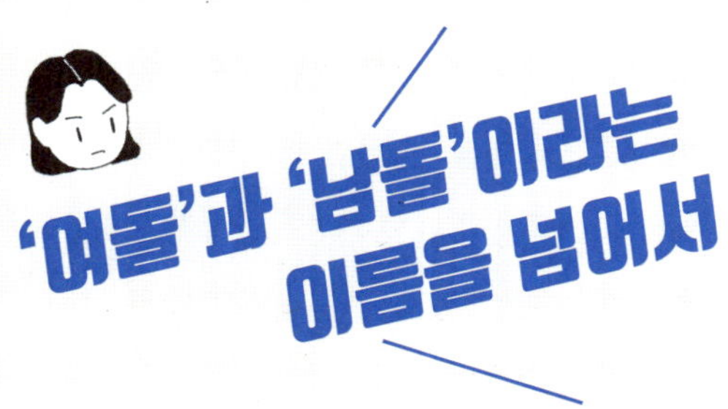

단지 성별에 의해서 여러 차이가 만들어지고, 그 차이를 성역할 고정관념으로 평가하고 판단하는 것이 차별이라는 건 너희도 이제 알았을 거야. 케이팝 문화와 우리 사회에도 차별이 만연해 있다는 것도 말야. 물론 여전히 케이팝이 '이분법적인 성별 구조'를 유지하고 있긴 하지만, 그와 동시에 성별의 경계를 허물기 위한 시도도 꾸준히 있다는 걸 짚고 싶어. 기사를 봐도 알 수 있을 거야. 자그마한 변화의 불씨가 꿈틀거리고 있다는 걸 말이야.

〈남돌은 배꼽티, 여돌은 수트…요즘 아이돌 '젠더리스' 패션〉 (2021. 06. 03, 쿠키뉴스)

〈'팔 근육' 안무·야구 방망이 든 4세대 걸그룹, 여성성 던졌다〉 (2023. 04. 05, 한국일보)

〈연애 됐고 이것…여성팬도 빠져버린 4세대 K걸그룹 공통점〉 (2023. 05. 09, 중앙일보)

혹시 음악 방송을 보다가 "어? 저 옷은 여자 옷 아니야?" 혹은 "남자 옷 아니야?"라고 생각했던 적 있어? 아마 요즘은 그런 구분이 무의미하다고 느낄 거야. 케이팝에서 '젠더리스(Genderless, 남성도 여성도 아닌 성중립적인 것)' 바람이 불고 있거든. 그렇지만 만화 속 대화처럼 '젠더리스'라고 하면 여성과 남성이 옷 스타일 정도를 바꾸는 거라고 생각하기도 해. 사실 그보다는 성별로 제한되는 경계선을 뛰어넘는 것으로 보는 게 맞아.

이젠 '남돌, 크롭티'로 검색하면 많은 남돌이 당당하게 크롭티를 입은 모습을 볼 수 있어. '원조 남돌 크롭티는 누구냐?'부터 '크롭티 입은 남돌 모음'까지. 이걸 보고 "남자가 저게 뭐야?"라고 하면 오히려 트렌드를 쫓아가지 못하는, 소위 '꼰대'처럼 여겨지기 딱 좋지. 여돌도 마찬가지야. 헐렁한 루즈핏의 옷을 입고 운동화를 신고 무대에 올라도, 이제 사람들은 그 또한 여돌이 보여 줄 수 있는 다양한 스타일 중 하나라고 생각해. 춤도 예전처럼 귀엽거나 섹시함만 강조하지 않고, 터프하고 강렬한 모습부터 청량하고 스포티한 모습까지, 다양한 퍼포먼스를 보여 주지. 이런 시도와 흐름은 좋은 변화라고 생각해. 우리 사회엔 성 역할 고정관념을 벗어나는 사례가 더 많이 필요하거든.

남성적이지도 여성적이지도 않은, 그냥 '나'

젠더리스라는 건 무대 위에서 보여 주는 몸짓과 태도에서도 확인할 수 있어. 가장 대표적인 예가 바로 샤이니 태민의 〈무브(Move)〉야. 이 곡의 안무는 흔히 우리가 생각하는 '파워풀한 남성 댄스'도, '요염한 여성 댄스'도 아니야. 그저 태민이라는 아티스트가 가진 아름다운 선과 리듬만이 보일 뿐이지. 생각해 보면 춤에 '성별'이 있다는 것도 이상하지 않아?

라인프렌즈와 방탄소년단의 컬래버레이션으로 탄생된 캐릭터인 BT21 영상에는 아주 인상적인 장면이 나와. 캐릭터 '망'이가 남자 화장실과 여자 화장실 앞에서 어디로 갈지 고민하다가, 결국 두 화장실 사이의 벽을 뚫고 그 사이로 당당하게 걸어 들어가는 장면이야. 이 영상에서 BT21의 성별에 대해 이야기할 때 방탄소년단 멤버 슈가는 "나는 이 모든 캐릭터가 성별이 없었으면 좋겠다. 두 가지의 성으로 정립을 안 했으면 좋겠다"고 이야기한 적이 있어. 또 다른 멤버인 RM은 잡지 《롤링스톤》과의 인터뷰에서 "'남성다움'이 무엇인지에 대한 정의는 이제 시대에 뒤떨어지는 개념"이라며 "우린 이제 그런 꼬리표나 제약을 가지지 않아야 하는 시대에 살고 있다"고 말했어.

마마무 멤버이자 솔로로도 활동하는 문별 또한 자신의 솔로 곡들은 사실 "젠더뉴트럴(Gender Neutral, 남녀 구분이 없는)한 노래들"이라고 말한 바 있어. 그리고 "나는 음악을 통해 젠더의 이분법적인 시선에 도전하고 싶은 사람이 되고 싶다"고도 했지. $f(x)$의 멤버였고 지금은 미국에서 솔로로 활동하는 엠버는 자신을 '여성과 남성을 다 표현할 수 있는 아티스트'로 표현했어. 어때? 성별에 얽매이지 않는다면 분명 더 다양한 모습을 보여 줄 수 있을 것 같지 않아?

남돌도 여돌도 아닌 젠더리스 그룹의 등장

2025년에 데뷔한 아이돌 그룹, 엑스러브는 데뷔할 때부터 '젠더리스 그룹'이라는 정체성을 명확히 밝혔어. 우무티, 루이, 하루, 현으로 구성된 4명의 멤버는 모두 사회적으로 지정된 성별은 남성이긴 하지만 '보이그룹'을 표방하지 않아. 그런 구분을 뛰어넘겠다는 거지. 그동안 케이팝에서 젠더리스 패션을 보여 주거나 퍼포먼스로 성별의 경계를 넘는 모습을 보여 준 그룹들은 있었지만 이렇게 그룹 자체를 '젠더리스'라고 이름 붙이는 건 처음이야.

엑스러브 멤버들은 치마를 입고, 긴 머리를 휘날리며 춤을 춰. 그런데 단순히 귀엽거나 섹시한 '여자 춤'을 따라 하는 게 아니야. 무대에서 이들은 다리를 찢기도 하며, 다양한 안무를 선보여. 무용을 오랫동안 해 온 루이의 춤선을 보면, 힘이 넘치면서도 우아해. 마치 '이 춤은 남자의 것도, 여자의 것도 아니야. 그냥 아름다운 예술일 뿐이지'라고 말하는 것 같아. 우무티는 유튜브 채널 '홍석천의 유의함'에서 "한국에 와서 연습생 생활을 오래했고, 지금까지 10년 가까이 됐다. 그런데 춤을 추거나 안무를 짤 때 역할이 너무 명확하게 구분되어 있었다"라고 짚으며 그런 성 역할 고정관념을 뛰어넘고 싶었음을 드러내. 젠더리스 그룹은 그런 성별로 고정된 문화를 깨고 새로운 도전을 하기 위함이라는 거야. 이들의 등장은 케이팝이 단순히 '멋진 남자' '예쁜 여자'를 보여 주는 것을 넘어, '사람 그 자체의 매력'을 보여 주는 시대로 넘어왔다는 확실한 신호탄이라고 생각해.

이렇듯 케이팝의 젠더리스는 여러 도전과 시도 속에서 점점 확장되고 있어. 성별의 경계를 뛰어넘는 이들의 도전은 우리에게도 중요한 질문을 던져. 성별로 나뉜 역할을 강요하는 게 과연 맞냐는 거지. "남자는 울면 안 돼" "여자는 조신해야지" 같은 말들이 얼마나 지루하고 낡은 것인지도 이젠 알 수 있을 거야. 이건 아이돌뿐만 아니라, 우리 일상에서도 마찬가지야. 물론 내 일상에서 고정된 틀을 깨기는 쉽지 않다고 생각해. 하지만 새로운 세계를 여는 이들이 있다는 걸 잊지 말았으면 좋겠어. 그렇다면 우리도 더 많은 도전을 할 용기가 생길 거야. 기억해, 너는 너다울 때 가장 아름다워.

아이돌이 성별에 따라 콘셉트와 이미지가 다른 건 당연한 걸까? 만약 그렇지 않다고 생각한다면, 여돌과 남돌에게 어떤 콘셉트와 이미지가 주어져야 한다고 생각해? 아이돌이 성별에 관계 없이 다른 콘셉트와 이미지를 가진다면 어떨지 함께 상상해 보자.

여돌 ▶ 뱀파이어 콘셉트는 어때? 단 이 뱀파이어가 팜므파탈 느낌으로 표현되는 게 아니라, 오래된 성의 즈인으로서 고독함을 안고 있는 거지. 늙지 않는다는 외모에 초점을 맞추기보다 고독과 외로움에 초점을 맞춰서 말이야.

남돌 ▶ 어느 숲의 요정이 되는 것도 재미있을 것 같아. 요정이라고 해서 반짝이는 드레스를 입어야 하는 건 아니고, 신비스럽고 귀여운 점이 부각되면 좋을 것 같아.

외모지상주의가 삼킨
케이팝 월드

무대 위 아이돌은 언제나 반짝거려. 작은 얼굴, 긴 다리, 예쁜 이목구비. 우리는 그 모습을 보며 "역시 아이돌이야" 하곤 해. 그런데 한 번쯤 이런 질문을 해 봐도 괜찮지 않을까? 왜 아이돌의 몸은 다 비슷할까? 아이돌은 왜 저렇게 적게 먹을까? 하나같이 노래를 잘하고, 춤을 잘 추고, 무대에서 빛나는데도 왜 어떤 몸은 환영받고, 어떤 몸은 배제될까? 이 장에서는 외모지상주의가 아이돌 문화 속에서 어떻게 당연한 규칙으로 자리 잡았는지 함께 살펴보자.

예쁘면 다 좋은 거 아니야?

girl

지난 활동 때보다 살이 많이 빠지셨어요. 다이어트 비법이 뭔가요?
하루에 김밥 한 알만 먹었어요.

역시 아이돌은 말라야 예뻐.
원래도 말랐는데, 다이어트라니!

그래도 예쁘면 장땡이지! 나도 오늘 저녁은 굶어야겠다.

혹시 SNS에서 '프로아나'(Pro-ana)라는 말 들어 본 적 있어? '~에 찬성한다'는 뜻의 'Pro'와 '거식증'을 뜻하는 'Anorexia'를 합친 말인데, 이 말은 놀랍게도 깡마른 몸을 만들기 위해 거식증을 동경하고 앓기를 자처하는 사람들을 뜻해. 이들 사이에서 유행하는 게 뭔지 아니? 바로 '개말라'(아주 마른 몸), '뼈말라'(뼈가 보일 정도로 마른 몸)라는 단어와 함께 마른 아이돌의 사진을 '다이어트 자극짤'로 올리는 거야.

화려한 무대 위 아이돌은 10대들에게 선망의 대상이야. 그런데 그 동경이 때로는 위험한 방향으로 흐르기도 해. 많은 청소년이 아이돌의 극단적인 식단을 따라 하며 건강을 해치거나, 그들처럼 마르지 않은 자신의 몸을 미워하게 되거든. 실제로 아이돌이 컴백 전에 한다는 '물 단식'(물만 마시는 것), '하루 한 끼 샐러드' 같은 식단이 유튜브나 틱톡에서 유행처럼 번지기도 했지.

하지만 단지 어떤 트렌드라고 하기엔 상황이 꽤 심각해. 실제로 무리한 다이어트로 인해 몸과 마음의 병을 얻는 청소년이 폭발적으로 늘고 있거든. 국민건강보험공단의 2023년 '최근 5년간 섭식장애 진료 현황' 자료를 보면 놀라운 사실이 드러나. 2018년부터 2022년까지 식이장애를 겪는 10대 여성의 거식증이 97.5% 증가했다고 해. 다른 연령대에 비해 가장 높은 증가율이야. 병원을 찾은 청소년들이 이 정도라면, 병원에 가지 않고 혼자 끙끙 앓거나 다이어트 강박에 시달리는 청소년들은 훨씬 더 많을 거야.

거식증은 대표적인 섭식장애의 하나로, 식욕이 정상이거나 오히려 증가된 상태에서 마르고 싶다는 끝없는 욕구, 또는 살찌는 것에 대한 극심한 공포로 인해 음식 섭취를 거부하는 질환이야. 단순히 마른 몸매를 유지하는 것에 멈추지 않고, 최소한의 정상 체중을 유지하는 것을 거부하며 살을 지속적으로 빼기 때문에 매우 위험할 수 있고 실제로 사망하는 일도 있어. 거식증이 생기면 치료도 간단하지 않아. 감기처럼 몇 번 약을 먹는다고 낫는 병이 아니거든. 사실 위험도가 정말 높은 질환이야.

왜 이런 질병이 늘어나고 있을까? 이유는 앞서 이야기한 부분과도 연결돼. '예쁜' 몸에 대한 강박과 불안, 이 사회에서 가하는 압박, 마른 몸엔 예쁘다고 칭찬하면서 조금만 그 몸에서 벗어나면 살쪘다고 비난하는 것, 이런 구조 안에서 상처 받지 않기란 어렵거든. 그런데 사실 여러 아이돌, 특히 여돌들 또한 거식증이나 폭식증 같은 섭식장애를 경험한 바 있다고 이야기한 적 있어. 충분히 이해되지 않아? 아이돌들의 몸매 또한 이 구조 속에선 평가의 대상이 되기도 하니까.

더 심각한 건, 이런 섭식장애의 문제보다 우리가 더 많이 접하는 게 다이어트로 예쁘고 날씬한 몸이 된 아이돌의 모습이야. 과정이 아니라 결과만 보게 되면, "아이돌도 저렇게 하는데 나도 살 빼야겠다" "저 몸매가 정상이지. 나는 너무 뚱뚱하지 않나?" 하는 생각이 자연스럽게 스며들어. 아이돌을 보는 사람들도 영향을 받는 거지. 화면 속 기준이 우리의 기준이 돼 버리고, 그 기준에서 벗어나면 스스로를 깎아내리게 돼. 그리고 그런 몸매가 쉽게 만들어지고, 누구나 할 수 있는 것이라고 착각하게 하기도 해. "너도 조금만 다이어트 하면 저렇게 되지 않을까?" "저 사람들은 저런 몸을 유지하는데, 넌 왜 못해?" 이런 말들을 타인에게 무신경하게 내뱉게 될 수도 있어. 극단적 다이어트의 과정과 그 결과를 제대로 알지 못한다면, 그리고 심지어 그걸 알고 있음에도 그걸 강요하는 이들이 있다면 이런 문제는 계속 반복될 수밖에 없을 거야.

이미 이 문제는 우리 현실에 깊이 침투해 있어. 질병관리청의 2025년 '청소년건강행태' 조사에 따르면, 우리나라 10대 청소년(여학생) 10명 중 약 3명 이상이 실제로는 정상 체중이거나 저체중임에도 불구하고 스스로를 "뚱뚱하다"고 생각한

대. 우리는 왜 이렇게 내 몸에 엄격해진 걸까? 건강한 몸보다 아플 정도로 마른 몸을 더 원하는 게 맞는 걸까? 이제 이 문제를 조금 더 무겁게 바라봐야 해.

〔 '자기관리'라는 가면 뒤의 비만 혐오 〕

왜 이렇게 마른 몸을 원하느냐는 결국 왜 이렇게 뚱뚱한 몸을 싫어하냐로 연결될 수 있어. 이건 사실 비만인 몸을 혐오하고, 비만을 극도로 경계하는 '비만 혐오'야.

우리 사회의 비만 혐오는 상당히 심각한 수준이라고 할 수 있어. 일단 비만 혐오의 의미부터 알아보자. 비만 혐오는 단지 비만인 사람, 비만인 상태를 싫어하는 정도를 의미하는 건 아냐. 영어로는 'Fatphobia'(팻포비아)라고도 하는데, "비만인 사람, 비만인 상태에 대한 비합리적인 두려움, 혐오, 차별"을 말해. 그냥 무언가를 싫어하는 것과는 차이가 있어. 예를 들어 오이 특유의 향이 싫어서 오이를 안 먹고 싫어하는 건 그냥 오이를 싫어하는 거지만, 비만에 대해 싫다고 생각하는 건 '비만이 되고 싶지 않다' '비만은 게으름의 표상이다' '비만은 자기관리의 실패다' 등과 같은 사회 내 여러 오해와 편견, 차별과 혐오와 연결되어 있는 거야.

"난 그냥 뚱뚱한 게 처음부터 싫었는데?"라고 말하는 사람이 있을지도 몰라. 하지만 한번 곰곰이 생각해 보자. "너무 살찌면 안 돼. 그만 먹어. 그러다 뚱뚱해지면 어떻게 할 거야?" 등의 말을 듣기 시작했던 때를, 혹은 내 주위 누군가가 그런 말을 듣기 시작했던 때를. 나와 가까운 사람들, 심지어 가족이나 보호자라고 하는 이들조차 그런 말들을 아무렇지 않게 했던 때를 말이야. 그런 말을 들었을 때, 혹은 그런 말을 하는 사람을 보았을 때 어떤 기분이었어? 살찌면 큰일 난다는 생각이 들 수밖에 없고, 두려워졌을 거라 생각해. 그런 두려움은 결국 혐오라는 감정과 이어지기 마련이지.

생각해 봐. 어릴 때 반에 한두 명은 꼭 '돼지'라는 별명을 달고 있지 않았어? '코끼리다리' '뱃살' '두턱' 같은 말로 그 아이들을 놀리기까지 했을지도 몰라. 장난을 빙자한 괴롭힘도 있었을 거야. 당사자한테 그 일은 얼마나 큰 상처였을까?

학교뿐만이 아니야. TV 개그 프로그램에서 뚱뚱한 사람을 희화화하는 장면은 오래전부터 너무 흔했어. 식탐을 부리고, 배를 일부러 내밀고, 땀 흘리는 모습을 과장해서 관객을 웃기는 '전형적인 캐릭터'가 있잖아. 뚱뚱한 사람은 주로 그런 식으로 웃기는 역할을 담당하지. 아이돌 세계에서도 마찬가지야.

슈퍼주니어 멤버인 신동은 소위 '뚱뚱한 몸인데도 아이돌을 한다'는 말이 활동하는 내내 따라다닌 꼬리표였어. 그는 그룹 내 '예능캐'로 활동했고, 춤 실력이 조명 받긴 했지만 그가 방송에 나오면 "이번엔 어떻게 살을 뺐냐?" "왜 다시 살이 찐 거냐?"를 묻는 일이 다반사였어. 그의 체형과 관련된 이야기는 활동 내내 빠지지 않는 이슈였고, 2005년에 데뷔해 40대가 된 지금까지도 여전히 신동은 다이어트, 요요현상, 식이조절 등의 이야기를 질문 받거나 그와 관련된 이야기를 해.

드라마나 영화에서 뚱뚱한 캐릭터는 주로 미련하거나, 웃음거리가 되고, 주인공의 들러리로 나오는 경우가 많아. 반면 날씬한 주인공은 능력 있고, 사랑받고, 모든 일이 잘 풀리지. 이런 장면들을 계속 보다 보면 우리 무의식에는 무서운 공식이 생겨. '날씬함 = 성공, 부지런함, 선(Good)' '뚱뚱함 = 실패, 게으름, 악(Bad)'. 뚱뚱한 사람이 반복적으로 이렇게 보여지면, 사회 구성원들은 사람들 또한 자연스럽게 '뚱뚱한 몸은 놀리거나 무시해도 된다'는 생각을 무의식적으로 하게 돼. 사실 체형은 유전이나 건강 상태 등 여러 이유로 다를 수 있는데도 이런 분위기는 결국 비만 혐오와 연결되고, 비만 혐오가 쉽게 용인되는 사회를 만들게 되지.

이런 비만 혐오는 아이돌 세계에서 아주 강력하게 작동해. 특히 여자아이돌이 예능이나 유튜브에 나와 자주 이야기하는 소재 중 하나가 다이어트야. 과거에 했던 다이어트 경험 혹은 지금 하고 있는 다이어트 정보에 대해 이야기를 해. 많은 사람들이 궁금해하는 부분이기도 하고. 다이어트는 거의 대부분 사람들이 경험한 일이기 때문이지.

아이돌의 다이어트 이야기는 일일이 거론하지 못할 정도로 많은 예시가 있어. "날씬한 몸매를 유지하기 위해 하루에 김밥 한 알만 먹고 살다가 건강이 나빠져 실신에 이르렀다"거나 "물 마시면 몸무게 올라갈까 봐 물수건으로 입술만 적셨다" "하루에 메추리알 4알을 노른자 빼고 먹고 아침에 2시간 운동하고 춤추고 또 운동했다" "몸무게를 몇백 그램이라도 줄이기 위해 헌혈을 해 본 경험도 있다" 등 믿기지 않는 이야기가 가득하지. '정말 그렇게까지 다이어트를 한다고?' 하는 생각이 절로 들어.

몸무게가 성적표가 될 수는 없어

〈[연예수첩] 다이어트가 뭐길래! 몰래 먹는 아이돌들〉
(2017. 08. 04, KBS)
〈"사무실 앞 몸무게 공개"… 女아이돌 잡는 다이어트 압박〉 (2024. 07. 13, 조선일보)

이렇게까지 다이어트를 하는 이유는 뭘까? '본인이 원해서'일 수도 있어. 예뻐지고 싶으니까. 많은 사람들이 마른 몸이 예쁘다고 생각하니까 사랑받기 위해서. 하지만 다이어트를 강요받는다는 것도 사실 큰 이유야. 연예인 기획사에서 연습생과 아이돌들의 몸무게를 관리한다는 건 많은 이들의 증언을 통해 널리 알려진 사실이야. "몸무게 정보를 인쇄해 회사에 붙여 놔서 살을 뺄 수밖에 없었다" "식단과 체중을 늘 회사에 보고해야 했다"는 등의 이야기를 접할 때 '이상하다' '이건 잘못됐다'고 한번 생각해 볼 필요가 있어.

이걸 학교에서 일어나는 일이라고 가정해 보자. 선생님이 나의 신체 사이즈를 교실에 붙여 놓는다면? 사생활 침해가 아닐까? 그리고 그걸 보는 내 기분은 어떨까? 당황스럽고 화가 날 수도, 수치스럽고 슬플 수도 있을 거야. 그리고 교실에 붙은 정보가 몸무게가 아니라 성적이라면 어떨까? 학생이라면 공부에 매진해야 하니까, 때론 자극적이고 극단적인 방법을 써서라도 학생들의 의욕을 고취시켜야 한다고 한다면? 실제로 2010년대 초반까지도 이런 방법을 썼대. 하지만 우리 사회는 이제 이게 위험한 방식이고 문제가 된다는 걸 알아. 많은 학생들이 그로 인해 엄청난 스트레스에 시달리고 압박을 받았기 때문이지. 이는 결코 학생들에게 도움이 되지 않으며 육체적, 정신적 건강 또한 망가뜨리는 일이라는 걸 사회가 인정했기 때문에, 학교 게시판 등에 공개적으로 성적과 석차를 발표하는 일이 금지됐어. 신체 정보도 그렇게 공개되어서는 안 되고 또, 그렇게 다이어트가 강요되어서도 안 되겠지.

게다가 극단적이거나 지속적인 다이어트엔 반드시 건강 문제가 따라와. 영양실조, 무월경, 체력 저하, 정신 건강 악화 같은 이런 부작용은 이미 많이 알려져 있어.

〈[K팝: 이상한 나라의 아이돌] 아이돌 10년, 다이어트와 위경련이 일상이었다〉 (2024.07.16, 한국일보)

"K팝: 이상한 나라의 아이돌" 기사엔 "여자 연습생 10명 중 8명은 생리를 안 해요" "전날보다 몸무게가 조금이라도 많이 나오면 집에 갈 수 없었어요. 목표 몸무게가 될 때까지 직원들이 보는 앞에서 벌을 서야 했습니다. 이 생활이 반복되다 보니 조금만 먹어도 입원해야 할 지경이었죠. 장염을 달고 살았습니다" "다이어트 약을 먹고 간질까지 온 친구도 있었습니다" 등의 증언이 있어. 이렇게 위험한 일을 겪을 수 있는데도 다이어트가 강요된다는 건 너무 심각한 문제이지 않아?

예쁘고 아름다운 것이 당연하다?

　솔직히 예쁜 거 보면 기분 좋아지지? 날씬한 몸, 작은 얼굴, 빛나는 피부까지……. 그런 사람을 보면 자꾸 시선이 가고, 감탄이 나와. 아름다움을 추구하고 좋아하는 건 인간의 아주 자연스러운 본능일지도 몰라. 하지만 지금 우리가 사는 세상은 단순히 "와, 예쁘다!" 하고 감탄하는 수준을 넘어섰어. 아름다움이 권력이 되고, 계급이 되는 외모지상주의가 이전보다 훨씬 강력하게 우리 일상을 지배하고 있거든.

　외모지상주의가 뭐냐고? 쉽게 말하면 사람을 평가할 때 외모가 지나치게 중요한 기준이 되어 버린 걸 말해. 학교에서도, 사회에서도, 심지어 친구 사이에서도 '외모'가 어떤 힘으로 작동해. 예쁜 사람은 더 쉽게 호감을 얻고 칭찬을 받아. 반대로 '호감형' 외모가 아니라는 이유만으로 어떤 사람은 성격이 나쁠 거라고 짐작되거나, 능력을 평가 절하당하고, 심지어는 무시와 차별의 대상이 되기도 해. "못생겨서 싫어"라는 말이 농담처럼 쉬운 말이 되어 버린 분위기, 느껴 본 적 있지?

이런 분위기가 더 심해진다면 어떻게 될까? 당연히 사람들은 불안해질 수밖에 없어. 외모를 가꾸지 않으면 안 된다고 생각하게 돼. 화장·피부 관리·성형·다이어트에 엄청난 시간·돈·에너지를 쓰게 되지. 외모가 내 자존감을 결정하는 유일한 성적표가 되어 버리니까. 문제는 여기서 멈추지 않아. 살이 찔까 봐 친구들과 떡볶이 먹는 것조차 두려워하고, 거울을 볼 때마다 내 눈, 코, 입을 뜯어보며 미워하게 돼. 건강을 해칠 정도로 굶고, 먹고 싶은 걸 못 먹어 가며 나 자신을 괴롭히는 상황이 과연 괜찮은 걸까? 예뻐지기 위해 불행해져야 한다면, 그건 뭔가 잘못된 거 아닐까?

사실 뚱뚱한 몸은 세상에 많고 많은 사람들의 다양한 몸 형태 중 하나일 뿐이야. 게다가 사람들의 오해나 편견과 달리 비만이 되는 경로나 이유도 셀 수 없이 다양해. 단지 '많이 먹어서' '게을러서'만이 아니야. 유전적이거나 체질적인 이유가 있을 수도 있고, 질병이나 약의 부작용 때문일 수도 있어. 혹은 열량을 많이 소비하지 못하는 환경 속에 살거나 일하기 때문일 수도 있고. 흔히 '덜하지도 과하지도 않게 삼시 세끼만 잘 챙겨먹으면 된다. 그럼 건강한 몸을 유지할 수 있을 것'이라고 하지만 그렇게 삼시 세끼를 챙겨먹는 일도 의외로 쉽지 않거든. 시간에 쫓겨 밥을 제대로 먹을 시간이 없어서 밤늦게 겨우 먹는 일도 있고, 그렇게 먹으면서 폭식을 하기도 해. 영양분이 골고루 갖춰진 삼시 세끼가 아니라, 소위 살이 찌기 쉬운 요소가 가득한 것들로 한 끼를 때워야 할 수도 있어. 그게 일상이 되어 버린 삶도 분명히 우리 주변에 존재해.

이렇게 여러 이유가 있는데도, 우리는 단순하게 살찐 사람을 게으르다 판단하고, 여전히 '마른 몸'만을 기준으로 삼는 세상에서 살아가고 있어. 그래서 '다양한 아름다움'을 이야기하는 바디 포지티브(Body Positive) 운동이 생겨났어. 이 운동은 뚱뚱한 몸도, 근육질의 몸도, 작거나 큰 키도 모두 아름다움의 한 형태라는 메시지를 전하고자 하지.

바디 포지티브보다 한 걸음 더 나아간 바디 뉴트럴리티(Body Neutrality)라는 관점도 있어. 이건 '내 몸은 꼭 아름다워야만 하는 대상이 아니다'라는 생각을 담고 있어. 내 몸은 나를 살아가게 해 주는 존재이고, 내가 하고 싶은 일을 하게 해 주는 기반이야. 꼭 남들이 예쁘다고 말해 줘야 가치 있는 게 아니란 거지.

이런 시각을 가지면, 우리는 몸을 평가하는 시선에서 조금 더 자유로워질 수 있어. '내 몸이 어떤 모양이어야 한다'는 압박에서 벗어나, 나에게 필요한 돌봄과 생활 방식을 찾을 수 있게 되는 거야. 그리고 팬으로서 아이돌을 바라볼 때도, 외모나 몸매가 아닌 그들의 재능, 노력, 매력을 더 잘 발견할 수 있을 거야.

너무 뻔한 말처럼 들릴지 모르지만 전 세계 약 80억 명은 모두 각기 다른 몸을 가졌고, 그 몸은 충분히 존중받아야 해. 다르다는 건 이상한 게 아냐. 사실 우리는 이미 다 다르거든. 주변을 한번 둘러봐. 얼마나 다양한 몸들이 있는지를.

무대 위의 몸은 왜 다양하지 않을까?

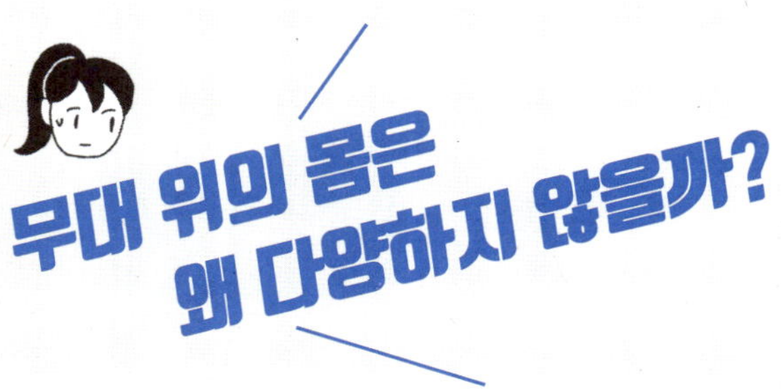

아이돌 외모에는 무슨 기준이라도 있는 걸까?

아이돌의 무대를 보면서 궁금했던 적 없어? '왜 무대 위의 모습이 저렇게 비슷할까?' 하고 말야. 우리가 매일 보는 무대 위의 아이돌들은 놀라울 만큼 닮아 있어. 키, 몸매, 얼굴형, 심지어 표정까지도. 마치 '아이돌은 이렇게 생겨야 한다'는 공식이 있는 것 같아.

그렇기 때문에 조금 다른 외모나 외형은 종종 주목을 받기도 해. 키가 작은 남자아이돌을 떠올려 보자. 아이콘의 김진환이나 세븐틴의 우지는 키가 작지만 뛰어난 퍼포먼스 능력으로 사랑을 받아. 그런데도 여전히 키에 대한 이야기는 빠지지 않아. 물론 키가 작다는 걸 두고 대놓고 놀리거나 비하하진 않지만, 키가 단점처럼 언급되거나, 팬들 사이에서 장난 소재로 쓰이는 경우가 많아. 반대로 키가 큰 여자아이돌은 '모델 같다'는 칭찬과 동시에, '여자치고 너무 크다'는 말을 듣기도 해. 아이브의 장원영의 경우엔 '정말 키가 173cm가 맞느냐, 키 큰 게 알려지면 대중들이 부담스러워할까 봐 키를 줄여 말한 것이 아니냐' 하고 댓글로 논쟁이 벌어지기도 했어. 키가 175cm라고 알려진 이영지가 키가 작은 여자에게 환상을 갖는 〈Small girl〉이라는 노래를 냈다는 점을 봐도 그래. 우리 사회에는 키 큰 여성에 대한 편견이 작동하고 있어.

쌍꺼풀이 없는 아이돌은 어때? 쌍꺼풀이 없는 무쌍인 여자 연예인은 종종 '눈이 커 보이기 위해서라도 쌍수를 해야 하는 거 아니냐'는 말을 듣기도 하고, 때때론 성형수술 의혹에도 휩싸이곤 해. 메이크업의 변화 때문에 눈의 형태가 조금만 달라져도 말이 나오지. 거기다 모순적이게도 오히려 무쌍임이 잘 드러나지 않거나 실제로 (어떤 이유에서든) 성형수술을 하면 '무쌍으로서의 매력이 줄었다' '무쌍일 때가 더 좋았는데……' 라는 말을 듣기도 해. 사람들은 기준도 없이 이랬다 저랬다 외모 평가를 늘어놔.

〈'무쌍' 매력 사라져 얼굴 변했단 얘기 듣는 女아이돌〉
(2017. 11. 04, 일간스포츠)
〈'쌍수논란' 종결…블랙핑크 로제, 무쌍 완벽 인증〉
(2024.08.12, OSEN)

어떤 '아름다움의 기준'에서 조금만 벗어나면 이런 시끄러운 일들이 벌어지고 말아. 그래서 계속 비슷한 모습의 아이돌이 만들어지는 거 아닐까?

아이돌이라면 '갖춰야' 하는 모습 중에 밝고 고운 피부를 꼽는 사람도 있을 거야. 특히 하얀 피부를 만드는 것도 중요한 일 중 하나지. 아이돌들은 데뷔 전후 관리에서 피부 톤을 밝게 유지하기 위해 피부 관리를 열심히 할 수밖에 없어. 방송이나 화보 등에서도 무대 조명이나 보정으로 피부를 최대한 하얗게 표현하지. 이건 팬들이 사진을 보정할 때도 그래. 소위 '홈마'(홈페이지 마스터의 줄임말로, 연예인 등의 사진이나 영상을 찍어 개인 홈페이지나 팬페이지에 올리는 것에서 비롯된 말)가 사진을 찍고 보정할 때도 '뽀샤시하고, 밝게'는 기본이니까. 대중도 그런 아이돌의 피부를 욕망하고, 그래서 그들의 피부 관리법이나 가방이나 파우치에 든 화장품이 무엇인지 궁금해해. '왓츠인마이백' 같은 소지품을 살펴보는 콘텐츠가 대중들에게 인기를 얻는 것도 바로 그런 이유에서야. 모든 사람이 그렇다고 할 순 없지만 대체적으로 많은 이들이 어두운 피부보다 밝은 피부를 선호해. 이건 한국 사회 전반의 분위기이기도 해. 서양의 백인들의 피부색이 기준이 되고, 오랫동안 '피부는 하얄수록 예쁘다'는 것이 당연시돼 왔으니까.

물론 그런 기준을 벗어난 사례도 있어. '건강한 구릿빛 피부'의 대표 주자라 할 수 있는 1세대 아이돌 이효리의 등장 이후 2010년대 중반부터 구릿빛 피부가 섹시 콘셉트와 맞물리면서 매력 요소로 부상하기 시작했거든. 씨스타 효린, AOA 설현이 그런 경우였어. 마마무의 화사도 그래. 어두운 피부가 매력으로 작동하고 그동안 아이돌들에게 볼 수 없었던 모습이 등장했다는 점에선 분명 고무적인 일이긴 해.

하지만 어두운 피부가 매력으로 소비될 때는 섹시, 강렬함에 국한되는 경우가 많아. 여전히 케이팝 산업에는 '하얗다=예쁘다, 아름답다'라는 기준이 강력하게 작동해. 대중은 그것을 소비하고, 또 케이팝 산업은 이를 반복하지. 결국 계속 비슷한 모습의 아이돌이 나오게 되는 거야..

"예쁘냐 아니냐"로 평가하는 일에서 벗어나자

최근엔 '매끈하고 깨끗한 피부'와 달리 주근깨가 있는 얼굴을 드러내는 아이돌도 있어. 그들의 시도는 자연스럽고 매력적이라는 이유로 새롭게 주목을 받아. 예를 들어 수지는 공식 화보에서 주근깨가 살짝 드러난 모습으로 '그마저도 예술'이라며 사람들의 관심을 받았고, 레드벨벳의 조이도 주근깨 메이크업을 통해 자연미를 드러내 이목이 집중됐어. 이렇게 주근깨가 단순히 커버해야 할 잡티가 아니라, 표현되고 드러나는 미의 요소 중 하나로 인식이 바뀌고 있지. 심지어 요즘 사람들은 일부러 주근깨를 만드는 화장을 하기도 해. 이런 흐름은 '완벽한 피부=하얗고 매끈한 피부'라는 미의 기준에 균열을 내고 있다고 볼 수도 있어.

하지만 조금 더 생각해 보자. 주근깨가 예쁘다고 칭찬받는 건 좋은 변화처럼 보이지만, 사실 이것도 여전히 '아름다움'이라는 기존의 잣대 안에서 인정받는 거거든. 그러니까 '주근깨도 아름다움의 일부다'라는 확장은 결국 또 다른 규범화된 미적 틀을 만들 수 있어. 주근깨가 메이크업이 된다는 것만 봐도 그래. 주근깨가 대세라서, 연예인들이 하니까. 사실 주근깨가 없는데 일부러 '예쁘기 위해서' 한다는 거잖아. 이건 주근깨가 있는 피부를 있는 그대로 받아들이는 거라고 보긴 어려워.

우리 한번 생각해 보자. 모든 몸이나 얼굴이 세상이 말하는 아름다움의 기준에 맞아야만 할까? 내 얼굴의 주근깨는 그냥 나의 일부일 뿐이야. 남들이 예쁘다고 해 주지 않는다고 덜 가치 있는 게 아니야. 결국 우리가 진짜로 자유로워지려면, 다양한 미의 기준을 인정하는 것에서 더 나아가서 '나는 그 자체로도 충분하다'라는 생각도 필요해.

앞에서 '바디 뉴트럴리티'를 언급했었는데, 여기서도 재차 그 이야기를 강조할게. 바디 포지티브가 '내 몸을 사랑하라'는 정서적인 메시지를 전한다면, 바디 뉴트럴리티는 '내 몸이나 외모를 좋아하든 말든, 평가 자체를 덜 하자'는 거야. 내 몸을 외모로 평가·찬양하지도, 미워하지도 말고, 외모와 몸에 집착하기보다는 우리 사회의 외모 평가 문화 자체를 약화시키자는 주장이야.

그러기 위해서는 어떻게 해야 할까? 대중들에게 영향을 미치는 케이팝 산업은 다양한 외모와 몸을 등장시킴으로써 대중이 다양성에 익숙해지게 해야 하고, 우리 또한 그에 대해 있는 그대로 받아들이고 열린 마음을 가져야 해. 자신이 원하는 아름다움이 있을 수 있고, 그것을 추구하거나 욕망할 순 있어. 하지만 그 아름다움만이 오직 하나의 기준일 필요는 없다는 거야. 그리고 무엇보다 아름다움에 매달리지 않아도 괜찮아. 그게 우리의 전부일 필요가 없어. 물론 이건 우리 사회 내에서 여전히 강력하게 작동하는 관습을 바꿔야 하는 일이라 쉽지 않을 수도 있지만, 그럼에도 우린 계속 잘못된 관습을 바꾸도록 노력해야 해.

자신 혹은 친구에게 "오늘 너 예쁘다" 같든 외모 평가가 아닌 다른 칭찬을 한다면, 어떤 말을 할 수 있을까? 외모나 몸이 아닌 다른 것으로 칭찬받는다면, 어떤 칭찬을 받고 싶은지도 이야기해 보자.

- 너 정말 필기를 꼼꼼하게 잘한다.
- 넌 주변 사람을 잘 챙기더라.
- 넌 친구들 사이의 의견을 잘 조율해 줘.
- 매번 약속 시간을 잘 지켜.
- 감정 표현을 당당하게 해서 멋있어.

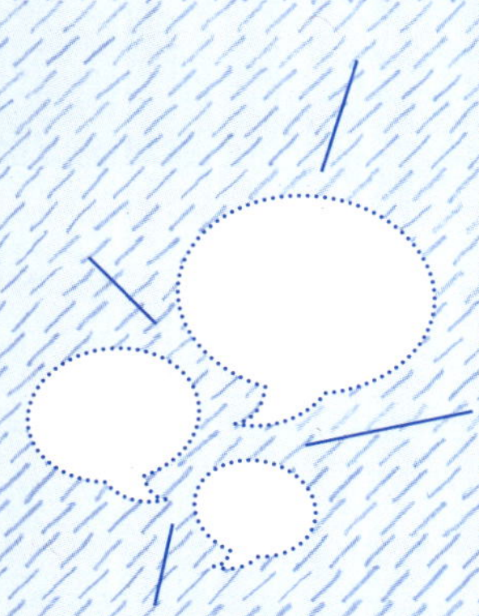

3장

좋아하니까, 응원하니까 그런 거예요

내가 좋아하는 사람이 잘못을 저질렀을 때 주변 모두가 그에게서 등을 돌린다면 보호해 주고 싶은 마음이 들지도 몰라. 어쩌면 이렇게 나에게 실망을 안겨 준 그가 밉고 원망스러울지도 모르고. 그동안 우리 함께한 시간이 다 거짓 같고, 내가 그 사람을 위해 쓴 돈도 아깝고, 또 좋아하는 마음마저 산산이 부서질 수도 있겠지. 이럴 때 우리는 어떻게 하면 좋을까?

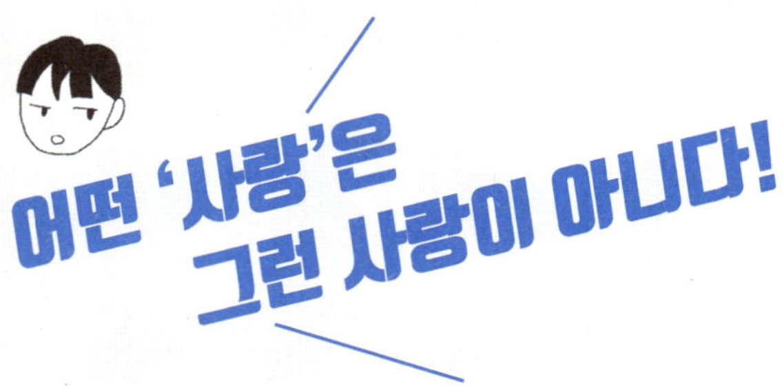
어떤 '사랑'은
그런 사랑이 아니다!

정말 너무 멋있어!

그렇게 좋아?
너, 최애가 사귀자고 하면
어떻게 할래?

난 그냥 저렇게
멋있고 싶을 뿐이야.

정말?
연애 감정이 아니라고?
의심

Idol이라고 하는 이 단어는 '극도로 헌신하는 대상' '숭배의 대상'이라는 의미를 갖고 있어. 케이팝 아이돌 또한 많은 이들에게 그런 존재일 거야. 많은 팬들이 아이돌을 사랑하고 동경의 대상으로 여겨. 여기엔 성별도 상관없어. 여자 팬이면 남자 아이돌을 좋아하고, 남자 팬이면 여자아이돌을 좋아한다는 건 정말 옛날 말이야. 사실 1세대 아이돌 때부터 여자아이돌을 좋아하는 여자팬, 남자아이돌을 좋아하는 남자팬이 늘 존재했었거든. '이성애 중심 사회'가 그런 팬들을 포착하지 못했을 뿐이야.

만화에서 한 학생은 트와이스를 무척 좋아하지. 트와이스의 무대를 모두 챙겨 보고, 모든 노래의 커버 댄스를 춰서 유튜브에 올릴 정도로 열정적인 팬이야. 하지만 이 학생은 트와이스가 '여자'라서 좋은 게 아냐. 트와이스가 무대 위에서 끝내주게 멋있는 디바여서 좋아하는 거지. 실제로 트와이스를 비롯한 여돌의 커버 댄스를 추는 남자도 많아. 그들이 좋아하는 아이돌에게 갖는 감정은 '연애를 하고 싶다'가 아니라 존경과 동경에 가까워.

팬들이 아이돌을 향해 갖는 감정은 사실 1차원적이지 않아.

상대가 이성이라고 해서 꼭 연애 감정을 갖는 것도 아니고, 동성이라고 해서 연애 감정이 아닌 동경의 마음만 갖는 것도 아니야. '저 사람처럼 되고 싶다' '저 사람을 만나고 싶다' '저 사람과 특별한 감정을 나누고 싶다' '저 사람이 정말 잘됐으면 좋겠다' '저 사람 또한 나를 응원해 줬으면 좋겠다' '함께 오랫동안 서로의 용기가 됐음 좋겠다'…… 등등 아주 다양한 마음을 느낄 수 있어. 너희들은 어때?

팬들의 노력, 팬들의 사랑

아이돌을 향한 팬들의 응원은 단순한 감정 표현을 넘어서, 실제로 큰 힘을 만들어 내. 이 힘은 감성적인 지지에만 그치지 않고, 여러 형태로 실질적인 영향력을 갖고 있어. 그 응원 방법도 여러 가지야.

팬들이 아이돌 생일을 기념해 지하철 역, 버스 정류장, 공항, 전광판 등에 광고판을 설치하는 사례는 케이팝 문화에서 이미 일상적이야. 국내뿐 아니라 해외에서도 팬덤이 생일 광고를 통해 자신의 응원 메시지를 거리의 한가운데 드러내곤 하지. 팬들이 직접 카페를 대관하여 아이돌의 생일 카페를 꾸미는 일도 마찬가지야. 혹시 지나가다가 이곳을 보거나 들러본 적이 있을지도 모르겠어. 이런 공간은 팬들이 모여서 좋아하는 아이돌의 굿즈를 나누고 이야기를 하는 등 같은 취향을 가진 사람들과 소통하는 장소가 돼. 이런 활동은 팬들에게는 공동체감을 주고, 아이돌에게는 '얼마나 많은 사랑을 받고 있는가'를 경험하는 기회가 되지. 또한 팬들은 투표·스트리밍·앨범 구매 등 소비 행동에도 아주 적극적이야. 아이돌이 앨범을 냈을 때 팬덤이 힘을 모아 특정 시간대에 집단적으로 음원 스트리밍·다운로드·투표 등을 진행하는 것을 말하는 총공은, 팬들의 중요한 집단 행동 중 하나야. 이런 총공이 음원 차트에서의 순위, 음악 방송 혹은 시상식에서의 성과로 이어지기 때문에, 팬에게도 아이돌에게도 중요한 일로 여겨지지.

그리고 팬들은 이렇게 내 최애를 응원함으로써 어떤 소속감과 자긍심을 느끼게 돼. 또한 내 마음과 시간을 쏟은 것들, 후원한 지하철 광고가 걸린다거나 최애의 음악 스트리밍 순위가 올랐다거나 하는 일들을 목격하게 될 때 느끼는 보람과 성취감도 커. 힘들고 스트레스 받을 때 최애를 보면서 받는 위로는 너무나도 커서 말로 표현하기 어려울 정도야.

그런데 모든 응원 방법을 "응원이니까 괜찮아"라고 말할 수 있을까? 때때로 팬덤의 어떤 응원은 사랑을 넘어서 집착이나 맹목적 지지로 변하기도 해.

예를 들어, 일부 팬들은 '아이돌을 더 가까이에서 보고 싶다'는 마음이 커져서 아이돌의 사생활까지 침해하고 있어. 흔히 '사생'(연예인의 사생활을 침해하는 팬)이라고 불리는 이들은 아이돌이 해외 활동을 위해 출국하려고 방문하는 공항이나 머무는 숙소를 따라다니고, 개인 정보를 불법적으로 입수해 아이돌에게 개인적으로 연락하려는 시도를 하기도 해. 아이돌을 향한 사랑이 집착으로 변해서 결국 아이돌의 안전과 일상을 침해하는 거지. 2025년 8월, 경찰은 BTS 정국의 집에 무단 침입한 여성을 현행범으로 체포했어. 이런 일은 이제 드문 일이 아니라 많은 연예인이 겪는 심각한 문제야. 심지어 '사생'은 영어권에서 로마자 그대로 옮겨져 'SASAENG'이라는 신조어로 등장하면서, 케이팝 문화의 한 단면을 적나라하게 보여 주는 말이 됐어. 아이돌의 사생활을 침해하는 이런 일들이 왜 계속 반복되는 걸까?

사생이 줄지 않는 건, SNS와 다양한 소통 플랫폼을 통해 아이돌의 많은 사생활이 대중에게 공개되고, 팬들이 아이돌에게 '접근 가능성'을 더 느끼게 되어서이기도 해. 버블, 위버스, 프롬 같은 일대일 메시지형 유료 소통 플랫폼이 생기고, 케이팝 산업이 아이돌과 팬의 '친밀성'을 돈을 버는 수단으로 쓰다 보니 팬들 또한 아이돌과 팬인 나의 거리감이 멀지 않다고, 우리는 가깝다고 착각하게 돼. 아이돌이 '팬 서비스'로서 건네는 말과 행동을 나와의 특별한 친밀감으로 생각하는 거야. 예를 들어 소통 플랫폼에서 아이돌과 소통하다 최애가 "이번 공방(공개 방송)에서 봐. 무대를 보러 와 줄 거지?"라는 말을 했다고 해 보자. '꺄~ 귀여워. 꼭 응원하러 가야지'라고 생각하고 실제로 공방 현장에 가는 건 괜찮아. 하지단 거기까지가 아이돌과 팬의 경계인 거야. '최애와 더 가까워지고 싶다. 실제로 관계를 맺는 것이 가능할 것 같다'고 착각하며 아이돌에게 집착하고 과몰입하는 건 결코 용인되는 일이 아니야. 다시 한번 말하지만, 무단 접근, 비공식 스케줄을 따라다니기, 집에 찾아가기, 끊임없이 연락하기, 항공 스케줄을 알아내 같은 비행기를 타고 쫓아다니기, 개인 휴대폰·주소 정보 유출하기 등의 사생 행위는 스토킹이고, 이는 법으로도 규정된 범죄야. 그리고 이건 결국 내가 사랑하고 애정하는 내 최애의 신체적·정신적 안전을 해치는 행위야.

　게다가 내 최애가 고통을 받으면 당연히 팬인 나에게도 영향이 올 수밖에 없어. 아이돌이 활동 중단을 선언할 수도 있고, 팬들과 거리두기를 할 수도 있지. 팬들과 가까워지고 싶어도 가까워질 때마다 자꾸 문제가 생기면 자신을 보호할 수밖에 없잖아. 기획사 입장에서도 아이돌과 팬을 분리하려고 할 테고 말이야. 종종 아이돌 경호원이 팬들에게 과한 행동이나 폭력을 휘둘러서 문제가 되는 것 또한 사생 이슈와 관련된 부분이기도 하지. 그리고 사생 행위는 결국 팬 본인의 삶까지 무너뜨릴 수 있어. 스토킹을 비롯한 사생활 침해 등에 대한 범죄자로 처벌을 받을 수 있고, 사생 행위에 매달리느라 자신이 원래 해야 하는 학업, 직업 활동 등을 전혀 못 하게 될걸. 게다가 그 시간을 나중에 메꿔야 하는 것도 나 자신이 되지.

　팬으로서 우리가 할 수 있는 일은, '사생활을 침해하는 사랑은 사랑이 아니다'는 인식을 갖는 것, 그리고 팬 활동이 아이돌의 안전을 위협하지 않도록 경계를 지키는 거야. 내 최애도 나와 같은 사람이라는 걸 잊지 않고 인지하는 거지. '나는 스토킹 같은 거 안 하니까, 사생은 나와 상관 없는 것'이라고 생각할 수도 있어. 하지만 한번 생각해 볼 필요도 있어. 혹시 내가 저장하고 있는 홈마의 사진이 내 최애의 사생활을 담고 있진 않은지, 최애의 안전을 침해하면서 찍은 사진은 아닌지 말이야.

또 내가 알면 안 되는 정보까지 얻으려고 하고 있진 않은지도
스스로 잘 돌아보면 좋겠지?

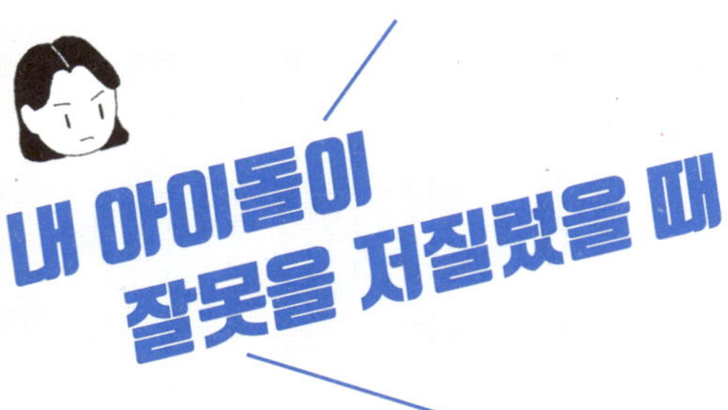

내 아이돌이 잘못을 저질렀을 때

팬으로서 어떻게 행동하면 좋을까?

만화 속 학생은 최애 아이돌 멤버가 한 여성을 성추행했다는 충격적인 소식을 들었어. 기사가 보도된 이후, 어떤 팬들은 '우리 ○○이는 성실하고 예의 바른 애인데 그럴 리 없다'며 일단 뉴스를 부정했어. 또 어떤 팬들은 아이돌을 몰아 세웠지.

이후에는 과연 어떤 일이 일어났을까? 실제 이와 비슷한 한 사례에서 해당 남돌은 성추행으로 입건되었고 기획사는 그 멤버의 활동 중지를 발표했어. 여기서 팬들의 의견은 극렬하게 갈렸어. 여러 여성 팬들은 성범죄를 고발하는 건 피해자에게도 결코 쉽지 않은 일이라는 걸 공감하며 사건이 제대로 조사되어야 하고, 죄를 지었으면 응당 그에 맞는 처벌을 받아야 한다고 밝혔지만 일부 팬들은 여전히 사건 자체를 부정하며 아이돌을 두둔하고, 오히려 피해자를 비난했어. 만화 속 학생처럼 충격을 받고 혼란에 빠진 팬들도 적지 않았을 거야.

상상해 봐. 내가 좋아하는 아이돌이 잘못을 저질렀다는 소식을 듣게 되면 어떤 기분이 들까? 그게 그냥 말실수 정도가 아니라 명백한 잘못이거나 심지어 범죄 행위였을 땐 충격에 휩싸일 수밖에 없어. '내가 믿었던 사람인데' 하는 배신감과 동시에, '그래도 내가 지켜 줘야 하지 않을까?'라는 충성심이

뒤섞이기도 하지. 그런데 이런 순간이야말로 팬으로서 어떻게 반응해야 할지 그 행동을 생각해야 할 때야.

옹호와 침묵과 공격 사이

최애의 충격적 소식이 전해졌을 때 보통 팬덤은 "우리 아이돌은 절대 잘못이 없다" "악의적 편집이다" "가짜 뉴스다"라며 맹목적 옹호를 하거나, 모른 척 침묵하며 지나가기도 해. 혹은 배신감이 너무 커서 탈덕을 하거나 안티팬으로 돌변하기도 하지.

누구나 때때로 실수나 잘못을 해. 중요한 건 그것을 어떻게 받아들이고 대응하는가이지. 자신의 실수나 잘못을 덮으려고 하고 회피하고 오히려 적반하장으로 피해자를 공격한다면, 그건 정말 잘못된 거야. 이럴 때 우리가 팬으로서 해야 하는 건 '팬으로서의' 마음을 잠시 내려놓는 거야. "우리 ○○이가 그럴 리 없다" "얼마나 착한 사람이고 멋있는 사람인데"라는 말이 아니라 그 사람이 자신의 실수나 잘못을 인정하고, 진실된 행동으로 피해자에게 혹은 걱정을 끼친 사람들에게 사과할 수 있게 하는 거야. 그래야 그 사람에게도 변화하고 나아갈 기회가 주어질 수 있어.

실수나 잘못을 인정하지 않거나 그 문제를 제대로 받아들이지 않으면 사람은 변화할 수 없어. 똑같은 잘못을 반복할 확률도 높아. 그러면 그로 인해 또 다른 피해자가 생길 수도 있지. 사회의 잠재된 폭탄 같은 존재가 되어 버릴 수도 있고. 내가 사랑하던 사람인데 그렇게 되는 건 너무 끔찍하지 않아? 사랑한다고 해서 무조건 감싸 주는 게 건강한 응원은 아니야.

내가 좋아하는 아이돌이 잘못을 저질렀더라도 그 무대와 노래는 여전히 좋아할 수 있어. 다만 그 사람의 행동이 옳다고 생각하지는 않는 거지. 사랑은 비판과 함께할 수 있고, 비판한다고 해서 배신자가 되는 건 아니야. 오히려 비판은 아이돌이 더 나은 사람이 될 수 있도록 지켜보는 방식이 될 수 있지. 그와 반대가 된다면, 내 최애는 더 나은 사람이 될 기회를 얻지 못하는 거야.

그러니까 조금 더 침착하게 내 최애 아이돌의 실수나 잘못을 바라볼 필요가 있어. 일단 루머가 아닌 공식 입장, 언론 보도를 중심으로 사실을 확인하는 거야. 물론 언론 보도에도 정확하지 않은 정보가 담기기도 하지간, 여러 보도를 참고하다 보면 공통적인 내용을 알 수 있어. 그리고 사실을 확인했다면 그런 기사를 쓴 기자와 내 아이돌의 행동을 비판하는 이들을 공격하지 말아야 해. 그다음 잘못된 점을 분명히 지적하고 책임을 져야 한다고 아이돌에게 말하는 거야. 기획사에 재발 방지를 요구할 수도 있어. 더 나아가 잘못이 반복되지 않도록 교육·제도·규정을 만들도록 목소리를 내는 것도 팬으로서 할 수 있는 일이야.

돈 냈으니까, 무엇이든 요구할 수 있다?

팬으로서 경계해야 하는 태도가 더 있어. 이건 아이돌의 잘못에 대한 이야기는 아니야. 최근 몇 년 사이, 팬과 아이돌의 관계는 점점 '소비자와 상품'의 관계처럼 바뀌고 있어. 유료 팬클럽 가입비, 앨범 구매, 콘서트 티켓, 그리고 버블·위버스 같은 유료 소통 플랫폼까지, 팬들이 '덕질'하는 데 지불하는 비용은 점점 늘어나고 있지. 이런 상황에서 일부 팬들은 "내가 돈을 냈으니, 아이돌에게 원하는 걸 요구할 권리가 있다"고 생각해. 그래서 온라인 소통 플랫폼에서 아이돌의 활발한 활동이나 빠른 답장을 원하고, 아이돌이 답이 없거나 좀 느리면 아이돌로서의 일을 제대로 하지 않는다고 비난하지. 이게 정말 '잘못'일까?

물론 많은 사람들의 사랑을 받는 아이돌이 된다는 건 분명 그 사랑에 대한 책임감을 가져야 하는 일이지. 그런데 아이돌들의 어떤 '잘못'은 그들이 아이돌이라서, 인기를 얻는 사람이라서, 심지어 어린 나이에 명성과 돈을 얻었기 때문에 만들어지는 경우도 있어. 정말 잘못이라기보다 가벼운 실수나 오해에서 비롯된 일인데도 가혹한 잣대를 들이미는 경우도 꽤 있거든. 또한 전혀 잘못하거나 실수한 게 아닌데도 사과를 강요받는 경우도 있어. 예능 프로그램에서 애교 강요를 했던 것도 마찬가지야. 그건 오히려 애교를 강요한 이들이 사과를 해야 하는 일이지.

요즘은 사이버렉카라 불리는 익명의 유튜버들이 악의적인 편집과 허위 사실을 통해 소위 '억까'(억지 비난)를 만드는 것도 사회적인 문제로 떠올라. 그 타깃은 주로 여자아이돌인데 한동안 아이브의 장원영은 한 악성 채널을 통해 만들어진 가짜 뉴스로 많은 괴롭힘을 당했어. 그 가짜 뉴스에 선동되어 같이 근거 없는 루머를 퍼다 나르고 해당 아이돌을 무차별하게 비난한 사람도 많아. 장원영을 괴롭힌 악성 채널은 결국 기획사에 고소당해 처벌을 받았지만, 여전히 이런 일들은 반복되고 있어. 사소한 잘못이거나 이미 사과를 한 부분인데도 악성 채널들은 이를 크게 부풀려서 계속 아이돌의 명예를 훼손하고 열애설, 불화설, 왕따설 등 온갖 '썰'들을 만들어서 유포해. 아이돌인데 관리를 안 한다는 등의 과도한 외모 평가도 마찬가지지. 실제 잘못을 지적하는 것과 무언가를 물고 늘어져서 비난만 퍼붓는 건 너무 다른 일이잖아? 잘못을 지적한다는 건 궁극적으로 결국 상대방이 더 나아지길 바라는 마음이 공존하는 거지만 그냥 비난만 하는 건 '널 나락으로 보내겠다'는 심보니까. 물론 엄청난 비난을 받을 큰 잘못을 했다면 그건 다른 이야기겠지.

팬들 역시 이런 자극적인 허위 사실에 쉽게 휩쓸릴 수 있어. 하지만 '인사를 안 하고 무대 밖으로 나갔다' '팬들을 무시하고 지나쳤다' 등 앞뒤 맥락 없는 단편적인 장면만 믿고 비난을 하는 건 과연 괜찮은 일일까?

팬들은 어떤 점에선 "내 아이돌이니까 지켜 줘야 한다"고 하고 또 어떤 일에선 "내 아이돌이니까 이런 건 하면 안 된다"고 해. 아이돌은 무대도 멋있게 잘해야 하고, 팬 사인회나 영상통화 이벤트에서 늘 웃으며 친절하게 해야 하고, 이젠 역조공(팬들이 최애에게 도시락이나 선물을 제공하는 걸 '조공'이라고 하는데, 최근엔 반대로 아이돌 혹은 연예인이 팬들에게 감사의 마음을 담아 선물을 주는 일을 말함)도 성실히 잘해야 하지. 아이돌이 직업인으로서 응당 해야 하는 일이 당연히 있지만 가끔 팬들의 요구가 과할 때도 있다고 생각해. 모든 것에서 늘 완벽하길 바라는 거, 그게 사실 사랑은 아니잖아? 그건 욕심이고, 상대를 통제하고 싶은 마음일 뿐이야.

내 최애는 자판기가 아냐

사실 이런 마음은 소비자주의에 기반한 생각이야. '소비자주의'(Consumerism)에 대해 먼저 살펴보자. 아주 쉬운 예를 들어 볼게. 네가 문방구에서 용돈을 털어 비싼 볼펜을 샀다고 해 보자. 집에 가서 신나게 쓰려는데 잉크가 안 나오는 거야. 그럼 어떻게 할까? 문방구에 가서 환불을 요구하거나 교환을 요구하겠지. 이건 정당한 '소비자의 권리'라고 할 수 있어. 식당에서 주문한 음식에서 이물질이 나왔을 때 문제 제기를 하는 것도 마찬가지야. 그런데 문제는 우리가 아이돌을 좋아할 때도 이 '문방구 볼펜'의 논리를 그대로 적용한다는 거야. 사실 기획사들은 팬들이 돈을 쓰게 만들기 위해 온갖 상술을 부려. 팬들이 팬 사인회에 가려면 앨범을 수십 장 사야 하고, 유료 소통 어플을 정기 구독해야 최애에게 메시지를 받을 수 있지. 돈을 쓰면 쓸수록 내 아이돌을 더 가까이에서 볼 수 있는 구조야. 그러다 보니 팬들은 자연스럽게 이런 생각을 하게 돼. "내가 너한테 쓴 돈이 얼마인데, 이 정도도 못 해 줘?" "내가 앨범 100장 사서 음악 방송 1위 만들어 줬으니까, 내가 하라는 대로 해야지" 팬과 가수의 관계가 '응원하는 사이'가 아니라, '돈을 냈으니 서비스를 요구하는 사이', 즉 구매자와 판매자의 관계처럼 변질되는 거야. 하지만 팬과 아이돌의 관계는 단순한 상품 판매 – 구매 관계로만 환원될 수 없다는 게 문제야. 팬이 자신을 '소비자'로만 생각하면, 아이돌은 그저 '돈을 주고 소비하는 서비스 제공자'가 되어 버려.

이게 무슨 말이냐면, 아이돌은 공장에서 찍어 내는 볼펜이나, 버튼만 누르면 음료수가 나오는 자판기가 아니라는 거야. 그들도 감정을 느끼고, 피곤하면 지치고, 때로는 실수도 하는 '사람'이잖아. 그걸 잊으면 무서운 일이 벌어지는 거야. "돈 냈으니까 웃어" "돈 냈으니까 연애하지 마" "돈 냈으니까 살 빼" 이런 요구들을 '정당한 권리'라고 착각하게 되거든. 누군가를 사람이 아니라 상품으로 대하는 건 당연히 옳지 않아. 팬들이 "우리가 돈 냈으니 내놔라" "사과해라" "더 보여 줘" 하고 요구하는 순간, 아이돌은 자신의 자율권을 빼앗기게 돼.

이런 압박은 아이돌의 번아웃이나 공황 장애 같은 정신 건강 문제로 이어지기도 해. '소비자'인 내가 돈을 냈다고 해서,

한 사람의 마음을 짓누를 권리까지 사는 건 아닐 텐데 말이야. 소비자주의가 강해질수록 팬인 나는 내 최애를 응원하고 지지 하는 게 아니라, 무언가 요구하고 통제할 수 있는 서열의 '갑' 이라고 착각하게 돼.

다시 한번 기억하자. 아이돌은 우리의 돈으로만 존재하는 '상품'이 아니야. 그들도 한 명의 사람으로서 존중받아야 하고, 때로는 팬이 원하는 것과 다른 선택을 할 자유도 있어. 우리가 사는 건 그들의 음악, 무대와 퍼포먼스이지, 그들의 '인생' 그 자체가 아니니까.

연애는 절대 안 된다는 말

여러분, 사랑해요~
LOVE

속보 아이돌 OO 열애설!
사람들 눈을 피한 야밤 데이트 목격

뭐?! 열애설?!
버럭

내가 얼마나 응원했는데...
근데 몰래 연애를 하고 있었던 거야?

아이돌의 열애설, 그후

2024년 2월 에스파의 멤버 카리나의 열애설이 보도된 후, 에스파 팬들의 목소리는 굉장히 뜨거웠어. 배신감을 표출하며 트럭 시위(기획사 앞에 '분노'의 메시지가 담긴 전광판이 달린 트럭을 보내는 것)를 하고 '탈덕'을 선언하거나 악성 댓글을 다는 일까지 벌어졌지. 결국 열애설이 보도되고 얼마 되지 않아 카리나가 자필 사과문을 게재했고, 이후 카리나의 연애가 끝났다는 보도가 이어지면서 이 사태는 일단락 됐어.

〈"앨범 180개 샀는데 날 버리다니" 카리나 열애설에 악성 댓글〉 (2024. 02. 29, 중앙일보)

〈카리나, 결국 자필 '연애 사과문'…외신 "K팝 산업·팬 압박 강해"〉 (2024. 03. 08, 한겨레)

〈"카리나 널 내가 어떻게 키웠는데"…열애설에 팬들 광분 왜〉 (2024. 03. 09, 중앙일보)

그 기사 중엔 왜 이 일이 이렇게 끝나게 됐는가를 비판하는 내용도 있었지. 아이돌의 열애설 혹은 연애 인정에 대해 팬들이 왜 이렇게 차갑게 반응하는지에 대해서 말야. 사실 이 일이 특별했던 건 아냐. 케이팝 아이돌 1세대라 불린 이들이 활동했을 때부터 아이돌의 연애는 많은 팬들에게 가장 큰 '문제'였거든.

<"박지윤 강타 팬들이 손가락 욕…교복 공포증 생겨>
(2011. 05. 13, 한국경제)
<간미연 안티팬에게 "커터칼, 지옥 혈서, 물총세례" 시달려> (2013. 11. 07. 경향신문)
<윤은혜 "염산 물총 테러에 실명 위기, 트라우마 힘들었다"… 충격 고백> (2025. 9. 11, 한국일보)

1세대 여자아이돌이 연애 스캔들로 겪었던 협박과 테러는 실제로 신변을 위협하는 범죄 수준이었어. 베이비복스의 간미연은 H.O.T.의 문희준과 열애설이 터진 후, 면도칼이 잔뜩 들어간 우편물을 받는다거나 "우리 오빠 건드리지 마" "죽여버리겠다" 등의 살해 협박이 담긴 혈서를 받기도 했어. 같은 그룹의 다른 멤버들도 협박과 테러에 시달려야 했지. 역시 1세대 여자아이돌이었던 박지윤은 H.O.T.의 강타와 열애설이 난 후, 자신이 무대에 오르면 수천 명의 팬이 일제히 침묵하거나 노래가 들리지 않을 정도로 심한 욕설을 퍼부어 교복 입은 학

생들만 봐도 무서움을 느끼는 '교복 공포증'에 시달렸다고 해.

유사연애가 나쁜 건 아니지만

팬들은 왜 그렇게 아이돌의 연애에 격하게 반응할까? 아이돌 팬들이 연애 문제에 예민하다는 게 이해가 안 되는 건 아냐. 특히 청소년 팬들에게 아이돌은 선망의 대상이기도 하면서 때론 '유사연애'의 대상이기도 하니까 말야. 좋아하는 아이돌을 상상 속 연애 대상으로 여기는 일 자체가 나쁜 건 아니기도 하고, 사실 좀 재미있기도 하거든. 그러니까 그 상상 자체가 문제라고 볼 순 없어.

그리고 케이팝 아이돌 산업이 그 유사연애와 친밀성을 팬들에게 팔고 있는 것도 사실이야. 팬들과 친밀한 관계를 맺는 듯한 이미지와 경험이 점점 더 다양하게 상품화 되고, 마케팅 수단으로도 활용되고 있으니까.

다만 그 유사연애에도 일정한 선이 있어야 해. '다른 것도 아니고 좋아하는 마음을 표현하는 거니까 뭐든 괜찮은 거 아닐까?'라고 생각하는 사람이 있다면, 그건 아니라고 말해 주고 싶어. 좋아하는 마음을 표현하는 것에도 당연히 지켜야 하는 선이 있어.

그 선을 지키지 않으면 내가 좋아서 하는 행동이지만, 상대에겐 굉장히 공포스럽거나 불편하거나 힘든 일이 되는 경우도 꽤 많거든. 몰래 쫓아가거나 지켜보거나 혹은 집요하게 연락하는 일도 마찬가지야. 일반적인 관계에서도 답장이 없으면 없는 이유가 있다고 생각해야 하는데 일방적으로 계속 연락하는 건 상대에겐 무서운 일이잖아. 그리고 주변 사람을 통해 그 사람에 대해 정보를 캐고 다니는 것도. 그 사람이 누구를 만나고 무엇을 하는지 하나하나 알려고 하는 건 호감이나 애정, 사랑이 아니라 그냥 집착일 뿐이니까. 상대가 싫다고 했는데도 '에이, 괜히 그러나 보다' 하면서 계속 자신의 마음을 전하려고 하거나 그걸 받아 줘야 한다고 강요하는 것도 결코 사랑이라고 할 수 없지. 앞 장에서 말했던 것처럼 사생이 되거나 스토킹 범죄가 될 가능성이 무척 높아지고 말이야. 내가 상대를 좋아한다는 이유만으로 모든 행위가 용납되는 건 아니야. 아이돌에 대한 유사연애의 감정에서도, 현실의 연애에서도 마찬가지야. 나는 좋아서 한 일이라고 해도 상대는 싫어하는 일일 수도 있어. 그럴 땐 그 행위를 멈출 줄 알아야 해.

정말 '열애설'이 문제일까?

한편 어떤 팬들은 유사연애 때문이 아니라 아이돌 연애 금지는 정말 내 최애를 위한 일이라는 말을 하기도 해. 아이돌로서의 커리어가 정말 중요하니까, 연애 같은 거 할 때가 아니라고. 그리고 사실 그런 말을 할 수 있는 건 내가 돈을 낸 소비자이기 때문이지. 내가 열심히 굿즈를 사고, 앨범을 사고, 밤낮으로 스트리밍을 돌려서 음악 방송 1위로 만들었는데 열애설이 나면 아이돌의 커리어뿐만 아니라 나의 노력 또한 '타격'을 입는다고 생각하는 거야. 사실 아이돌을 위해서라고 하지만 실상은 내가 쏟은 돈과 시간, 체력과 에너지 그리고 감정을 물거품으로 만들었다는 것에 화를 내는 거지. 이건 다시 소비자주의와도 연결돼. 내가 열심히 만들거나 밀어 주고 있던 '상품'에 문제가 생겨 버렸다는 것에 대한 배신감. 이건 사실 아이돌을 위한 게 아니야.

이제 우린 아이돌이 회사의 요구와 산업 구조 속에서 끊임없이 감정 노동을 하고 있는 노동자라는 사실을 생각해 봐야 해. 사실상 '항상 팬을 사랑하는 것처럼 보이라'는 요구를 받고 있는 노동자라는 걸. 아이돌은 웃고 싶지 않은 날에도 무대에서 밝게 웃어야 하고, 팬에게는 항상 따뜻하게 다가가야 해.

연애를 해도 숨겨야 하고, 들키면 사과까지 해야 해. 팬이라고 하면 부탁을 거절하기도 쉽지 않지. 그런데 사실 잘 생각해 보면, 사랑하고 연애하는 게 잘못은 아니잖아? 범죄도 아니고 말이야. 그런데도 아이돌이 연애를 한다고 비난을 받는 건, 결국 산업 구조가 만들어 낸 '팬에게 전적으로 헌신해야 한다'는 규범 때문이야.

우리가 진짜로 물어야 할 질문은 "아이돌이 연애해도 되나, 안 되나?"가 아니라 "아이돌에게 무한한 감정 노동을 요구하는 구조가 바람직한가?"여야 하지 않을까? 아이돌의 진짜 감정과 무관하게 팬을 위해 특정한 태도와 표정을 계속 유지해야 한다는 건데 이게 과연 팬인 우리에게도 좋은 일이냐는 거지. 내가 좋아하는 아이돌이 사생활 없는 삶을 살면서 연애도 숨겨야 '바람직한 아이돌'이 된다는 압박을 받는 데다가, 나 또한 아이돌이 나에게만 평생 헌신할 거라는 착각 속에 빠지게 되니까. 현실은 그렇지 않고, 그래서도 안 되는데 말이야. 팬으로서 우리는 늘 이런 산업 구조가 당연한 게 아니라는 것, 그리고 아이돌 또한 한 사람으로서 자신의 삶을 살 수 있도록 존중해야 한다는 것을 잊지 말아야 해.

소비자주의란 뭘까? '상품이나 서비스'에 대해 소비자가 자신의 권리를 지키고 행사하는 것을 말해. 그런데 이는 '사람'을 통제하는 권리가 아니라 '거래의 범위' 안에서만 행사할 수 있는 권리야. 그렇다면, 내가 판매자에게 요청할 수 있는 일과 요청할 수 없는 일은 무엇일까? 한번 주변 사람들과 생각을 나눠 보자.

요청할 수 있는 일 ▶ 구매한 물건이 훼손됐을 때 환불을 요구하는 것, 판매자가 파는 상품의 정보를 요구하는 것, 공연 중 심각한 음향 사고가 일어나 환불을 요구하는 일.

요청할 수 없는 일 ▶ 판매자에게 개인적으로 연락하는 것, 판매자의 상품을 재가공해서 판매하는 것, 아이돌에게 개인적인 만남을 요구하는 것.

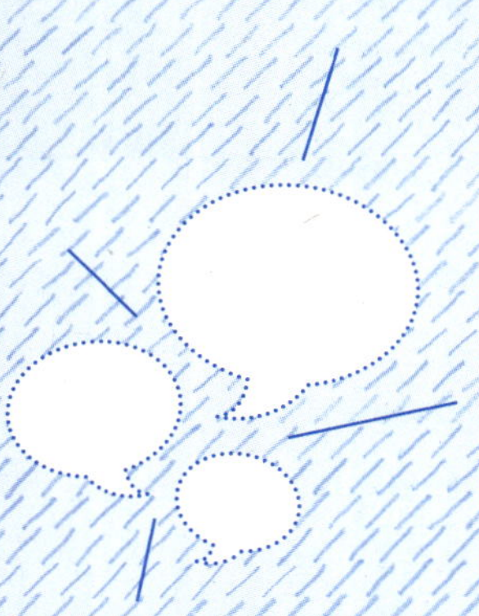

아이돌도 일하는 사람입니다만?

학생을 가르치는 선생님, 맛있는 급식을 만드는 영양사, 향긋한 커피를 내리는 바리스타, 버스를 안전하게 운전하는 기사……. 세상에는 참 많은 노동자가 자신의 일을 하고 있어. 그런데 이런 생각해 본 적 있어? 무대 위에서 화려한 조명을 받고, 사람들의 사랑을 받고, 예쁜 옷도 입을 수 있는 아이돌은 어떨까? 아이돌을 준비하는 연습생들은 어때? 청소년 때부터 꿈을 향해 달리는 이들은 과연 노동자일까? 이 장에서 함께 고민해 보자.

아이돌도 노동자인데요?

꺄!
꺄아!

아이돌은 저렇게 춤추고 노래하면서 돈 벌어서 좋겠다. 일 안 하잖아.
꺄!
??

저 사람들은 저게 일이잖아.
??

저렇게 노래하면 팬들이 좋아해 주는데 저게 일이라고?
저 무대 하나를 위해 얼마나 많은 연습을 하며 시간을 쓰는데, 일이 아니면 뭐하는 건데?

아이돌은 노동자일까, 아니면 특별한 존재일까?

무대 위에서 반짝이고 노래하며 팬들의 사랑을 받는 그 모습만 보면, 아이돌은 단순히 '일하는 사람'이라기보다는 '화려한 꿈속 세상을 보여 주는 사람'처럼 보이지. 하지만 우리가 잘 잊어버리는 사실이 하나 있어. 아이돌도 결국 일하는 노동자라는 점이야.

아이돌은 넓게 보면 예술가 범위어, 조금 더 좁게 보면 연예인의 범위에 들어가지만 특수한 점이 하나 있어. 케이팝 산업 내에서의 아이돌은 단지 춤과 노래, 무대에서의 매력이 빛나야 하는 것뿐 아니라 그 외 많은 걸 갖추길 요구받거든. 외모와 몸매, 패션 센스도 좋아야 하고 성격과 말투, 팬을 대하는 태도 또한 다정하고 친절해야 해. 거다가 팬들과는 진정성 있는 친밀한 관계를 쌓아야 하지. 아이돌은 자신의 거의 모든 면모를 공개하고 관리해야 하며, 그 모든 게 상품화돼. 그러니까 아이돌은 단순한 '예술가'나 '연예인'이 아니라, 존재 전체가 노동으로 소모되는 직업이야.

그런데 문제는 이런 이유 때문에 오히려 사람들이 아이돌을 '노동자'로 인식하지 못한다는 거야. 무대 위 화려한 이미지와 '사랑받는 존재'라는 상징성에 가려져, 아이돌이 감정까지 포함해 자기 자신을 끝없이 내보이고 있다는 사실이 잘 보이지 않아. 게다가 그들이 많은 사랑을 받고, 돈을 버는 '스타'라는 지점도 그들이 노동자라는 점을 흐리게 하는 요인이야. 이는 아이돌의 화려하고 멋있는 부분을 주로 조명하는 우리 사회의 문제이기도 하고. 하지만 아이돌도 분명히 일하는 사람, 노동자야.

사실 그에 대한 반론도 여전히 커. 2024년 9월 뉴진스 멤버 하니가 유튜브 라이브 방송에서 소속사 내에서 따돌림을 당했다는 주장을 제기했어. 팬이 국민신문고를 통해 고용노동부에 '직장 내 괴롭힘'으로 민원을 냈고, 이후 고용노동부는 "하니는 근로기준법상 근로자로 보기 어렵다"고 결론을 내렸어. 직장 내 괴롭힘 조항 적용의 대상이 아니라는 거지.

고용노동부가 입장을 냈으니까 아이돌은 노동자가 아니라고 말하는 사람도 있을 거야. 하지만 고용노동부의 판단은 오히려 아이돌이 노동자로서 가지는 법적 보호가 현재 한국 법체계에서는 사각지대에 있다는 걸 보여 준다고 생각해. 이 사건 이후로 뉴진스 팬덤은 물론이고 언론에서도 "아티스트의 노동자성이 인정되어야 한다"는 요구가 커졌거든. 제도 개선을 위한 법안을 만들어야 한다는 이야기도 나왔어. 이 사건은 '아이돌이 일하는 사람'이라는 논의가 단순한 상상이나 감상적 판단이 아니라, 법적·제도적 현실과 직접 연결되어 있다는 걸 보여 준 사례야.

　2009년 3월, 배우 장자연 씨가 술 접대 강요, 폭행, 권력에 의한 성폭력 등에 시달렸다 밝히며 자살한 사건을 혹시 알고 있어? 이 사건이 중요한 건, 이 일로 연예인과 기획사 간의 계약서, 계약 조건 등이 조명받게 됐기 때문이야. 故 장자연 씨의 계약 내용에 "의무를 이행하지 않을 시에 위약금 1억원을 현금으로 물어야 한다"는 무리한 내용이 포함되어 있었거든. 이로 인해 공정거래위원회가 연예 기획사의 계약서 상 불공정 행위에 대한 조사를 착수했어. 연예인 전속 계약서에 대한 표준 약관도 제정하기로 했지. 그 결과 공정거래위원회는 '연예인 표준계약서'라고 불리는 계약서를 만들었어. 표준계약서엔 "최장 7년 범위 내에서 계약 기간을 설정하고 가수의 경우엔 계약 기간 제한이 없지만 7년이 지나면 가수가 계약 해지를 주장할 수 있도록 하는" 내용과 "연예인이 기획사 측의 부당한 요구에 대해 거절할 수 있도록 명문화해 사생활 보장 등 연예인의 인격권을 보호하는" 내용 등이 들어갔어.

〈공정위 '노예계약'에 칼 댄다〉 (2009. 03. 17, 경향신문)

〈故 장자연, 계약금 300만원에 위약금 1억원?〉 (2009. 07. 06, 연합뉴스)

〈표준계약서, '제2의 장자연' 예방할까〉 (2009. 07. 21, 주간경향)

하지만 이후에도 연예인, 아이돌과 계약에 대한 문제는 계속 불거졌어. 무리한 장기간 계약과 그를 어길 시 배상해야 하는 금액의 불합리함, 정산 및 수익 배분이 제대로 이뤄지지 않거나 보고가 되지 않는 문제는 여전히 존재하고 있어.

〈동방신기 손 들어준 공정위…SM, 노예계약 시정〉 (2010. 12. 23, SBS 뉴스)

〈(단독) 엑소 첸·백현·시우민 "SM 노예계약" 주장이 풀어야 할 2가지 과제〉 (2023. 06. 03, 법률신문)

〈이승기, 결국 후크와 결별 택해…전속계약 해지 통지서 발송〉 (2022. 12. 01, 연합뉴스)

특히 2009년 7월, 동방신기 세 멤버(영웅재중·믹키유천·시아준수)가 SM엔터테인먼트 전속 계약의 과도한 장기성·불공정성을 이유로 법원에 전속 계약 효력 정지 가처분을 신청했던 일은 연예계에서 중요한 사건이었어. 이 소송은 3년 넘게 이어졌고, 양측이 '향후 상호 간의 활동에 관여하지 말 것'을 합의하며 종결되었지. 이후 공정거래위원회는 2010년 '대중문화예술인 표준전속계약서'를 마련해 계약 기간(초기 계약)은 최대 7년을 기준으로 하고, 과도한 위약벌·일방적 연장 조항 등을 시정하기 시작했어. 2024년에는 초기 계약 기간 7년 초과 금지 명문화 및 연장 시 당사자 서면 합의 의무 등으로 한 단계 더 구체화되었지. 케이팝 산업에서 말하는 이른바 '7년의 법칙'(계약 기간 7년이 끝나면 아이돌 그룹이 해체한다는 징크스)은 바로 이 표준계약의 7년 기준으로 만들어진 거야.

이런 변화가 있긴 하지만 현실엔 여전히 문제가 많아. 사실 예술 활동 관련 계약 시 표준 계약서 사용이 권고되고 있지만 강제되는 의무는 아니거든. 의무가 아니라는 건, 계약서를 안 써도 문제가 없다는 말이기도 해. 참 이상하지? 누군가가 권리를 보장받지 못해 힘든 일을 겪었고, 그로 인해 표준계약서 양식까지 다 만들었으면서 그걸 의무화하지 않고 그저 권고만 한다는 건 여전히 더 변화가 필요한 부분이야.

장시간 노동, 감정노동, 불안정성…

아이돌을 "근로기준법상 근로자로 보기 어렵다"는 말이 무색하게도 아이돌을 노동자로 볼 수 있는 부분은 많아. 또한 그들이 취약한 노동 조건에 놓여 있다는 것도 알 수 있지. 아이돌도 회사와 계약서는 쓰지만 앨범·공연 수익에서 제작비, 홍보비, 의상비 등을 공제하고 난 뒤에야 수익이 배분돼. 그래서 데뷔해도 몇 년간은 수입이 거의 없는 경우가 흔해. "수익 분배를 몇 년 차에 받았냐"는 아이돌의 성공을 가늠하는 말로도 쓰이지. 아이돌은 하루 열몇 시간씩 연습하고, 방송·팬미팅·콘텐츠 촬영이 이어져. 유튜브뿐만 아니라 인스타그램, 틱톡 등 미디어 플랫폼도 많아져서 올려야 하는 콘텐츠는 점점 불어나. 시도 때도 없이 영상을 올리고 팬들과 소통해야 팬들에게 '효자효녀'로 칭찬받을 수 있지.

이 모든 노동 시간을 따지면 얼마나 될까? 정확히 측정할 수 없지만 일반 직장인의 근로 시간을 훌쩍 뛰어넘는 과중한 노동 시간이라는 건 분명해. 그러니까 돈을 많이 버는 거 아니냐고 할 수 있지만 사실 아이돌을 포함해 돈을 많이 버는 가수들은 극소수에 불과해. 국세청이 국회 기획재정위원회 소속 양경숙 의원실에 제출한 '2014~2018년 업종별 연예인 수입

금액 현황' 자료에 따르면, 가수 중 상위 1%의 연평균 소득이 하위 99%의 1인당 평균 수입보다 100배 이상 많거든. 상위 1%의 평균 연 소득은 약 34억 원 이상이지만 나머지의 1인당 평균 연 소득은 약 3,000만 원 수준이래. 우리가 대체로 미디어로 접하는 건 이미 성공해서 많은 돈을 버는 스토리여서 그런 거지, 모든 이들이 과한 노동을 하는 만큼 돈을 버는 건 아니야.

그리고 아이돌은 정규직이 아니라 계약직이야. 앞서 언급했던 7년 계약도 성공한 아이돌이 되었을 때나 나오는 말이지. 7년까지 활동을 못 하는 경우도 허다해. 그룹 해체, 계약 해지, 건강 문제로 언제든 활동이 끊길 수 있어. 정규직 안정성은 거의 없다고 할 수 있지. 게다가 앞 장에서 이야기한 것처럼 아이돌은 감정 노동의 대표적인 직업군이야. 힘들어도 불안해도 팬들 앞에서 웃고, 최고의 모습을 보여야 하지.

같은 사회 구성원으로서 우리는 아이돌이 일하는 사람이라고 인식하는 건 물론이고, 그들이 착취되고 있는 것은 아닌지 또한 신중히 들여다 봐야 해. '최애 아이돌이 지치지 않고 오래오래 활동해 줬으면 좋겠다'가 팬의 마음이잖아?

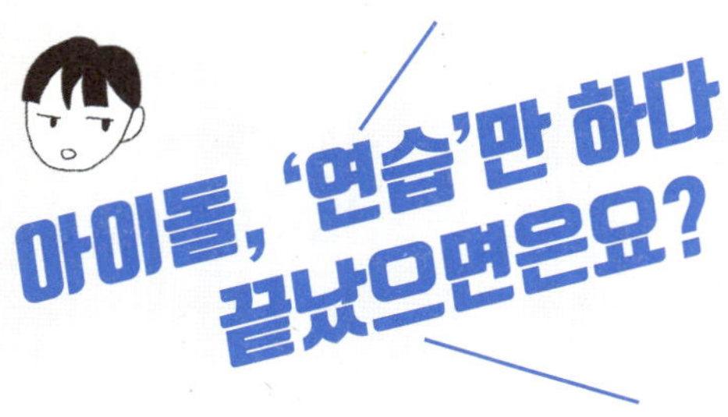

아이돌, '연습'만 하다 끝났으면은요?

아이돌 연습생도 노동자일까?

데뷔한 아이돌이 일하면서 겪는 어려움도 많지만, 더 열악한 위치에 있는 건 바로 아이돌 연습생이야. 이들은 어떤 존재일까? 이들 또한 노동자라고 볼 수 있을까? 일단 연습생이나 견습생은 여전히 배우는 과정 속에 있는 사람이야. 그렇다면 이들은 일하는 사람이라 볼 수 없는 걸까? 꼭 그렇지만은 않아. 보통 회사에도 인턴이나 견습성으로 일하는 사람들이 있거든. 누구나 어떤 일을 하기 위해선 배우는 시간이 필요하고, 그들을 키우고 성장시키는 시간도 필요해. 그렇기에 인턴 같은 제도도 있고 말이야. 하지만 아이돌 연습생의 경우는 다르다고 하는 사람도 있을 거야. 아이돌 연습생의 경우엔 그 훈련 기간이 회사의 인턴과는 비교할 수 없을 정도로 길고, 당장 임금을 받지 않으며, 훈련 과정에 (기획사마다 분명 차이는 있지만) 많은 돈이 투자되니까 말이야. 그냥 보통의 인턴이나 견습생, 실습생과는 상황이 다르다고 할지도 모르지. 분명 다른 부분도 있을 거야. 하지만 확실히 짚고 넘어가야 하는 건 아이돌 연습생이든 견습생이든, 실습생이든, 인턴이든 그들이 하고 있는 것 또한 노동이며, 노동자로서 권리를 보장받아야 한다는 거야.

<학생은 일하다 다치고, '공짜 근무'해도 되나요?···현장 실습생 산재·권익침해 5년간 178건> (2023. 10. 18, 경향 신문)
<현장실습 중 사망한 학생, '저렴한 노동력' 취급 받았나> (2022. 7. 13, 시사in)

사실 아이돌 연습생뿐만 아니라, '인정' 받는 노동자가 되는 과정 속에 있는 이들의 위치는 열악한 경우가 많아. 현장 실습생이라 불리는 이들의 산업 재해로 인한 부상과 사망 소식이 잊을 만하면 들려오거든. 배우는 과정 속에 있는 사람인데 교육을 제대로 받지 못하고 업무에 바로 투입되거나, 사실상 정식 직원이 하는 업무와 동일한 혹은 과한 노동을 부여 받기도 해. 일은 일대로 시키면서 급여는 인턴이라서 적게 주거나 아예 무급 노동을 시키는 경우도 있어. 결국 '정식 직원'이 되지 못하면 계약 기간을 이유로 쉽게 직장에서 내쳐지기도 해. 그렇기에 굉장히 불안한 위치이기도 하지. 이 근무 환경 속에서 이들은 쉽게 노동을 착취 당하지만, 그건 '꿈을 위해서'라는 이유로 포장되어 버려.

아이돌 연습생도 열악한 환경을 최소한으로 보호하기 위한 계약서를 써. 문화체육관광부가 고시한 '대중문화예술분야 연습생 표준계약서'가 존재하거든. 과거엔 일부 기획사가 연습생이 계약을 중도 해지하면 투자비의 2~3배를 위약금으로 물리게 하는 조항을 썼고, 지금은 "실제 투자비 범위 내에서만" 비용을 청구하도록 하고 있어. 게다가 여기엔 훈련(보컬, 안무 등) 이후 근로 의사를 포함한 내용도 있지. 하지만 모든 계약서가 이런 표준 형식을 쓴다고 볼 수 없고, 정말 모든 연습생이 계약서를 쓰는지 또한 아직 불분명해. 다른 노동 현장의 현장 실습생들처럼 불안정한 위치에 놓여 있어.

다시 아이돌 연습생이 하는 일들을 생각해 보자. 아이돌 연습생이 춤과 노래를 훈련하고, 언변 기술을 배우고 심지어 요즘엔 (해외 진출을 위해) 외국어도 배우는 것, 외모지상주의가 가장 엄격하게 작동하는 시장에서 살아남기 위해 식단을 조절하고 다이어트를 하는 것 등 모두 노동이라 부르면 안 되는 걸까? 이것이 노동일 순 없는 걸까? 자신들의 어떤 기술이나 능력을 갖기 위한 과정이고 데뷔 후 돈을 버는 일로 이어지는데도 노동이라 할 수 없다면, 왜라고 생각해?

〈[K팝: 이상한 나라의 아이돌] “16세는 고령” 연습생의 시간은 거꾸로 간다〉 (2024. 8. 21. 비즈한국)

“기획사는 초·중학생을 연습생으로 뽑고, 이들은 아이돌이 되기 위해 학교를 빠지거나 자퇴한다. 아이돌 트레이닝 학원에 다녔던 A 씨는 “보통 학교를 그만두거나, 학교에 다녀도 공부를 하지 않고 연습에만 매진한다”고 전했다. 문제는 이렇게 선발된 미성년자 아이들을 보호할 대책이 없다는 점이다. 현행법상 청소년 근로가 가능한 나이는 만 13세부터다. 특히 만 13~14세는 고용노동부장관 명의의 취직인허증이 있어야 한다. 그러나 아이돌은 ‘예외’다. 노동자가 아니기 때문이다. 즉, 아이돌과 연습생은 ‘최저 연령대’ 제한이 없다.”

아이돌과 연습생 이야기를 좀 더 해 보자. 4세대 아이돌으로, 많은 인기를 얻고 있는 그룹인 뉴진스의 경우, 데뷔했을 때 모든 멤버들이 다 10대 청소년이었어. 사실 뉴진스뿐만이 아니야. 오래전부터 케이팝 아이돌의 데뷔 연령이 10대인 건 흔했고, 점차 낮아지는 추세에 있다고 해. 그렇다면 아이돌 연습생들은 더 어리겠지. 초등학교 저학년일 때부터 아이돌 연습생이 되는 건 이제 거의 '보통'인 수준이야. 이렇게 어린 나이에 아이돌 연습생이 되는 것, 그 자체가 나쁘다곤 할 수 없어. 누군가는 본인이 하고 싶은 일이나 꿈꾸는 일을 빨리 찾기도 하고, 그걸 이루기 위한 방법 또한 찾아내기도 하니까. 오히려 '어리다'는 이유로 그런 선택이 제대로 존중 받지 못한다면 그게 더 문제이지. 그보다 우리가 더 세심히 들여다 봐야 하는 건 그 청소년들이 어떤 공간에서, 어떤 경험을 하는지야.

자, 한번 상상해 봐. 열한 살에 아이돌 연습생이 된 A가 있어. A는 초등학교 졸업 후 중학교에 진학을 했어. 그런데 아이돌 연습생 생활이 너무 힘든 거야. '월평'이라 불리는 월말 평가에서 좋은 피드백을 받고, 데뷔가 가능한 연습생으로 선택되기 위해선 더 많은 시간과 노력이 필요하다는 걸 느끼게 됐어. 그래서 중학교를 자퇴했지. 이후 엄청난 연습으로 점점 실력이 늘고 좋은 평가를 받게 됐지만 데뷔에 가까워진다고 생각할수록 엄청난 압박감을 느끼게 돼. 거기다 경쟁은 점점 더 치열해져. 뭔가 하나라도 실수하거나 조금이라도 실력이 부족하면 소속사에게서 '넌 이제 안 되겠다'는 말을 들을 것 같아. A는 외모 평가 때문에 밥도 굶고, 대일 거울 앞에 서서 계속 스스로를 평가해. 이런 과정 속에서 자존감은 계속 떨어지고, 기분도 좋았다가 나빴다가를 반복해. '지금 내가 하는 이게 맞는 걸까?'를 수십번도 더 생각하지. 하지만 이런 나를 보살펴줄 사람은 없는 것 같아. 다 나를 평가하고 있으니까. 그러다 열일곱 살이 됐어. 마지막 기회라고 생각했던 아이돌 데뷔조 오디션에서도 결국 떨어졌어. A는 어떻게 해야 할까?

○○이 되지 못한 삶

여러분은 지금 여러 생각을 하고 있을 거야. 'A가 학교를 그만두지 말았어야 했나?' '데뷔가 걸렸는데 죽어라 노력했었어야지' '아냐, 어느 정도 하다가 안 되는 걸 알았음 빨리 학교로 돌아가서 공부라도 했어야 했어'…… 뭐 이런 생각들? 혹시 A가 '조금 다른 환경에서, 다른 경험을 했다면 어땠을까?' 하는 생각은 어때? 만약 A가 속했던 기획사의 연습생 프로그램이 학습권을 경시하지 않았다면? 학교를 그만두고 많은 시간을 쏟아야 할 만큼 '월평'이 엄격하지 않았다면? 평가의 피드백이 용기와 자신감을 불어넣는 이야기였다면? '어른'인 누군가가 A의 정신 건강 상태와 신체 건강 상태를 정기적으로 체크하고 보살펴 줬다면? 그래서 A가 결국 오디션엔 떨어졌지만 절망하지 않고, '이 과정이 충분히 행복했어'라고 생각하며 다음 길을 찾아 나설 준비가 됐다면 어땠을까?

사실 이건 아이돌 연습생만의 이야기는 아냐. 운동선수를 꿈꾸며 열심히 운동에 매진했지만 뜻하지 않은 부상으로 운동을 포기하는 경우도 있고, 정말 열심히 했지만 결국 대회에서 입상하지 못해서 운동선수로서의 꿈을 접어야 하는 경우도 있지. 내가 너무 좋아하는 미술이나 음악을 하다가도 마찬가지야. 분명 좋아서 시작했는데 '1등을 하지 않으면' '성과를 내지 않으면' '지금까지 이미 공들였으니까' 등의 생각에 시달리게 돼. 그래서 그만둬야 함에도 계속 매달리게 되거나 압박감을 견디지 못하고 그만두는 일도 생겨. 그리고 수능 시험이라는 것도 말이야, 우리 사회는 그 시험에서 나를 증명하지 않으면 실패자가 되는 것처럼 말하잖아. 사실 우린 때때로 '열심히 했지만' 무언가 이루어 내지 못하는 일도 맞이해. 실패란 엄청난 일이 아니라, 누구나 경험하는 지극히 평범한 일이지.

알겠지만 수많은 아이돌 연습생 중 정말 아이돌로 데뷔하는 사람은 아주 적어. 그렇게 데뷔를 한 사람 중에서, 소위 '우리가 알 만큼' 이름을 알리고 인기를 얻는 아이돌은 또 손에 꼽지. 이 말인즉슨, 생각보다 정말 젊은 아동·청소년이 아이돌이 되는 과정 중에 '탈락'해. 데뷔하지 못한 그들의 삶을 생각해 본 적 있어? 왠지 불행하고 슬플 것 같지? 그런데 그게 꼭 불행하고 슬픈 일이 되어야 하는 걸까? 현실적으로 수많은 연습생들이 모두 아이돌이 될 순 없어. 누군가는 아이돌이 되는 꿈을 이루지 못할 거야. 그렇다고 해서 그들을 '실패자'로 내버려둬선 안 돼. 그러기 위해선 그 과정을 '성공'과 '실패'로 구분 짓는 게 아니라 '이걸로 성공하는 자'와 '또 다른 길을 찾아나서는 자'가 될 수 있도록 사회가 준비시켜야 해.

연습생의 학습에 대한 기회가 충분히 보장되어야 하고, 정신과 신체 건강이 정기적으로 확인되어야 하고, 연습을 충분히 격려하고, 다음 단계를 위한 평가를 하면서도 그것이 너무 큰 압박이 되지 않도록 해야 해. 또한 설사 이것이 실패하더라도 이 실패가 너의 모든 것을 단정하지 않는다는 사실을 분명히 전하는 것도 중요해. 정말 그렇거든.

우리 사회가, 특히 '어른'들이 해야 하는 일은 그런 '안전망'을 만드는 일이야. 근데 이 어른들이 종종 그런 역할을 까먹기도 하거든? 그러니까 청소년들이 가끔씩 그걸 일깨워 주면 좋겠어. "우리에겐 안전망이 필요하다!"고. "실수하고 실패해도 행복하게 계속 살아 갈 수 있는 그런 사회가 필요하다"고 말이야.

현재 근로기준법에 따라 노동자가 보장받는 핵심 권리는 '정당한 임금 수령, 최저임금 보장, 근로 시간 제한' 등이 있어. 내가 아이돌이 된다고 생각했을 때, 꼭 보장받고 싶은 권리가 있다면 무엇일까? 그건 '보통' 노동자들도 보장받고 있는 권리일까? 그 권리가 보통의 노동자들과 같은지, 다르다면 어떤 점이 다른지 이야기해 보자.

- 내가 좋아하는 아이돌은 밤낮으로 끊임없이 일을 해. 밤샘 촬영도 부지기수래. '보통' 노동자들이 보장받는 근로 시간에 대한 권리랑은 조금 다른 것 같아. 차에서 쪽잠을 자는 경우도 많아. 내가 아이돌이 된다면, 꼭 일하는 시간을 보장받고 싶어.
- 내가 아이돌이라면, 난 무엇보다 내 일이 '보통' 노동자들의 일처럼 정말 '일'로 인정받으면 좋겠어. 내가 다른 사람들처럼 일하는 사람이라는 게 사람들에게 인식되도록 말이지.

덕질하면서 '정치적' 목소리 내면 안 돼요?

2024년 12월, 여의도 집회에서 수많은 아이돌 그룹의 응원봉이 어둠을 밝혔어. 아이돌의 노래가 광장에 울려 퍼졌고, 전 세계가 이 모습에 주목했지. 이들은 이곳에 왜 모였을까? 바로 살기 좋은 세상을 만들기 위해서였어. 자신이 응원하는 아이돌의 상징을 가지고 모두가 목소리를 높였어. 내가 살기 좋은 세상은, 내가 좋아하는 아이돌도 살기 좋은 세상일 거고, 결국 모두가 살기 좋은 세상일 거야.

포카 수집이 남기는 것들

OOO의 2집 앨범
랜덤 포토카드
1종 포함!

아, 내가 원하는 멤버
포카 나오면 좋겠다.
기대
만발

이런, 내가 원하는 포카가 안 나왔네.
앨범 하나 더 사야겠다.
뭐? 하나 더?
그거 보관할 데는 있어?

힐끔
몰라. 그냥 버리지 뭐.

그거 알아? 아이돌 덕질 문화에서 '포카(포토카드) 수집'이 환경 문제로 크게 대두되고 있어. 그런데 요즘 덕질하면서 포카 하나 없는 사람은 없을 거야. 사실 나도 마찬가지야. 얼마 전에도 '포카 탑꾸'(탑로더 꾸미기)를 했거든. 탑로더를 사고 스티커를 사면서 '또 이렇게 결국 쓰레기가 될 무언가를 사는 게 맞나?' 하고 생각했지만 결국 '우리 ○○이의 포카를 예쁘게 만들고 싶어!'라는 욕망에 져 버린 거지. 게다가 포카를 다 모으고 싶어서 필요도 없는 앨범을 여러 장 샀어. 이런 내가 '포카 수집이 지구 환경에 얼마나 나쁠까'를 고민하는 게 다소 모순적이기도 하지만, 오히려 그래서 더 말해야 하는 것 같아. 그러니까 이 이야기는 나 자신에게 전하는 말이기도 해.

케이팝 아이돌 팬들이 포카 문제를 이야기하기 시작한 건 왜일까? 사실 단지 포카를 모으는 것 자체가 대단한 문제이기 때문만은 아니야. 1990년대 1세대 아이돌이 등장했을 때부터 팬들은 늘 무언가를 수집해 왔어. 그건 앨범이나 잡지이기도 했고, 사진 자체이기도 했어. 포카 수집은 그러한 팬들의 덕질 행위 중 하나일 뿐이긴 해. 그리고 어떻게 보면 더 부피도 크고 문제적인 굿즈도 있을 텐데 고작 포카가 뭐라고, 그것

좀 모으는 게 큰 잘못인가? 싶은 생각이 들기도 하지. 사실 그냥 정확히 포카 하나만 놓고 본다면 그렇게 볼 수 있어. 하지만 여기엔 조금 더 복잡한 내막이 있어.

〈'포토카드' 탓 사고 또 사고…케이팝 앨범 6천만장 쓰레기 어디로〉 (2022.11.17, 한겨레)

지금 포카를 둘러싸고 문제로 지적되는 건 사실 팬들의 덕질이라기보다 팬들에게 소비를 부추기는 케이팝 산업의 구조야. 랜덤 포카가 아이돌들의 앨범에 들어가면서, 케이팝 산업은 팬들에게 앨범을 여러 장 사라고 부추기기 시작했거든. 예를 들어 보자. 아이브 멤버는 6명이고 나의 최애는 유진이일 경우, 유진이 포카를 갖기 위해선 앨범을 하나만 살 수 없는 거야. 하나만 사면 유진이 포카가 나올 확률이 너무 낮으니까. 물론 주변에 아이브를 좋아해서 앨범을 산 친구가 있다면 서로 원하는 포카로 교환하는 것도 가능하겠지. 하지만 그것도 내가 가진 포카가 상대가 원하는 거고, 상대가 가진 포카가 내가 원하는 것일 때만 가능하기에 유진이 포카가 '당첨'될 때까지 앨범을 여러 개 사게 돼.

그런데 심지어 아이돌 기획사들은 앨범에 넣을 더 많은 포카를 만들기 시작했어. 예를 들면 6명의 6가지 버전 포카를 만드는 거지. 그럼 총 포카의 수는 36개. 사야 하는 앨범 수도 그만큼 늘어나는 거야. 사실 36장을 산다고 다 모을 수 있는 것도 아니야. 랜덤이니까 똑같은 포카가 여러 장 나올 수도 있잖아? 포카 하나를 위해서 앨범을 수십 장 사야 하는 상황이 벌어지게 돼. 그러니까 원하는 것을 갖기 위해 필요 없는 앨범을 사게 되는 거야. 돈도 많이 써야 하는 건 물론이거니와 쓸데없이 많이 구매한 앨범들의 이후 처리도 곤란해져. 바로 쓰레기통으로 가는 거지. 포카 하나는 정말 작은 쓰레기일지 몰라도 수십 장, 수백 장의 앨범은 큰 쓰레기가 돼. 그러니까 사실 포카 문제는, 기획사들의 상술 문제, '앨범을 몇 장이나 팔았냐'는 실적, 숫자가 성공을 의미하는 사회의 인식 문제이기도 해.

음악을 사는 걸까? 복권을 긁는 걸까?

솔직히 말해 보자. 우리가 앨범을 사는 이유가 정말 CD로 음악을 듣기 위해서일까? 요즘은 CD 플레이어가 없는 집이 더 많잖아. 대부분은 앨범 속에 숨겨진 포카 때문이라는 걸 부정할 수 없을 거야.

거기다 이젠 앨범 하나를 A 버전, B 버전, C 버전으로 쪼개서 내는 건 기본이야. 그 앨범엔 각각 다른 포스터나 포토북, 굿즈가 들어가기 때문에 팬 입장에선 모든 버전을 안 살 수 없어. 이러니까 요즘은 앨범을 딱 한 장만 사는 일이 오히려 더 어려운 일인 지경이야.

<[포켓이슈] 한 사람이 음반 100장을 산다?…K팝의 '플라스틱 그늘'> (2023. 11. 11, 연합뉴스)
<결국 민희진이 옳았다…"팬싸에 80만원, 내가 덕질 멈춘 이유"> (2024. 05. 10, JTBC 뉴스)

거기다 기획사들은 '팬싸권'(팬 사인회 당첨권)이라는 걸 앨범에 동봉하기 시작해. 내가 좋아하는 아이돌을 직접 볼 수 있고, 사인까지 받을 수 있는 데다가 잠시나마 이야기를 나눌 수 있는 팬 사인회에 간다는 건 팬들에게 있어선 엄청난 일이니까, 팬들은 또 앨범을 수십 장 혹은 수백 장까지 사고 말아. 마치 인형 뽑기 게임과 다를 게 없어. '이번엔 될 것 같은데~'라며 희망을 안고 계속 동전을 넣는 것과 같지. 이런 행태를 보면 음악을 사는 게 아니라, 거의 '복권'을 사는 것 같아.

기획사는 이런 팬들의 간절한 꿈에 정확한 금액을 붙이는 것도 아니고, 경매를 붙여. 팬 사인회 당첨 방식은 '추첨'이라고 하지만, 공공연한 비밀이 있어. 바로 '많이 산 순서대로 뽑는다'(줄 세우기)는 거야. 문제는 기획사가 '몇 장을 사야 당첨되는지'를 절대 알려 주지 않는다는 점이야. 팬들은 서로 눈치를 보며 '팬싸컷(당첨 커트라인)은 50장이다' '아니다, 100장이다' 추측하며 불안에 떨 수밖에 없어. 50장을 샀는데 떨어지면 그 돈을 다 날리는 거니까, 이왕 하는 거 확실히 붙으려고 100장, 200장을 사는 사람들도 생겨. 그 이상을 사는 사람도 당연히 있지. 그렇게 당첨 확률을 높이기 위해 과하게 앨범을 사는 사람이 하나둘 늘어나면 '팬싸컷'의 앨범 장수는 경쟁이 붙어 더 높아질 수밖에 없어.

좋아하는 마음이 크다는 이유로, 돈을 더 많이 써야 하는 구조. 정말 이상하지 않아? 이 이상한 구조에서 이득을 얻는 건 기획사뿐이야. 기획사가 경쟁을 부추기니, 팬들은 과도한 소비를 하게 되어 힘들고, 이런 과도한 소비는 결국 '소비자주의'로 이어질 위험이 높아져서 아이돌에게 부담으로 돌아가니까 말이야. 게다가 이렇게 소비된 많은 앨범은 사인회가 끝나고 나면 다 어디로 가는지 알 수 없어.

기획사에 요구한다: 플라스틱 앨범을 멈춰라

과도한 앨범 구매로 대량의 쓰레기가 발생하는 문제에 대해 많은 케이팝 팬들이 문제의식을 갖기 시작했어. 특히 기후 위기 세대라 불리는, 지금의 청소년들은 지구 환경 이슈에 굉장히 예민한 감각을 갖고 있지. 아무리 내 아이돌이 중요하고 최애를 사랑한다고 하더라도 우리가 살아가는 기반인 지구가 망가지고 있다면, 그건 너무 심각한 문제니까.

그래서 질문하는 이들이 나타났어. "지구가 내 최애보다 핫해지고 있다는 사실, 눈치채셨나요?"라며 지금처럼 플라스틱 앨범이 대량으로 생산되고 버려지는 상황이 계속되면 안 된다고 목소리를 내는 사람들. 그게 바로 '케이팝포플래닛'이야. '기후 위기에 대항하기 위해 케이팝 팬들이 조직한 플랫폼'으로 설명되는 '케이팝포플래닛'은 2021년 발족된 이후 끊임없이 목소리를 내고 있어. "죽은 지구에 케이팝은 없습니다!"라고. 너무 소름 돋는 말이지만 소름 돋게 맞는 말이긴 하지. 죽은 지구엔 우리도 없을 테고, 케이팝도 없을 테니까.

'케이팝포플래닛'은 "자신의 최애, 인종, 지역, 언어, 성별, 신념, 나이를 넘어, 기후 위기를 막는 것에 진심인 케이팝 팬이라면 누구에게나 열려 있다"며 '포용'을 강조하고, "청소년,

원주민, 여성, 개발도상국, 유색인종, 남반구, LGBTQ(성소수자) 등 기후 논의에서 자주 제외되는 커뮤니티와도 연대"해. 또한 무엇보다 플라스틱 앨범 제작을 멈추는 것을 비롯한 여러 환경 문제에 목소리를 내는 "케이팝 팬들, 당신들이 주인공"이라며, 사람들의 자유로운 참여를 독려하고 있어. 케이팝 팬으로서, 한 사람의 시민으로서, 지구를 빌려 쓰고 있는 셀 수 없이 많은 생명체들 중 하나로서 그 역할과 책임을 어떻게 나눠야 하는지 함께 고민해 보자는 거야. 너무나 멋진 일이지 않아?

건강하게 사랑하고 싶다면

누군가는 이렇게 말할지도 몰라. 수많은 굿즈를 소비하는 케이팝 아이돌 팬이 환경을 지키자고 하는 건 모순이라고. 아이돌을 좋아하는 것과 기후 정의 운동을 이야기하는 건 애초에 함께 존재할 수 없는 정체성이라고 말이야. 하지만 정말 그럴까? 내가 내 최애를 여전히 사랑하고 응원하면서도, 지구를 최대한 해치지 않는 방법은 없는 걸까? 그냥 '탈덕'만이 답인 걸까?

기후 정의와 지구 환경을 생각하다 보니 도저히 안 되겠다, 케이팝 팬인걸 그만두겠다고 결심하는 것도 방법 중 하나일 순 있어. 하지만 또 누군가는 케이팝 팬인 채로 계속 목소리를 내는 방법을 택할 수도 있다고 생각해. 내부에서 변화를 모색하는 거지. 물론 그게 쉬운 일은 아니겠지만 새로운 길을 찾아낸다는 거, 너무 흥미진진하지 않을까? 소비자인 팬이 플라스틱 앨범을 중단하라고 외치면 기획사도 신경 쓸 수밖에 없잖아. 팬이라는 위치를 한번 이용해 보는 거지. 우리가 늘 언제나 그냥 소비만 하고 마는 소비자일 필요는 없잖아? 랜덤 포카와 팬싸권을 앨범에 넣는 게 소비자에게 얼마나 많은 책임과 문제를 떠넘기고 있는 방식인지 지적하는 소비자가 되어 보는 거야. 혹시 알아? 이 목소리가 커지고 커지면 이 목소리를 듣는 기획사가 나타나고, 조금씩 변화가 나타날지도 모르잖아.

나 또한 덕질하면서 지구도 해치지 않는 방법을 여전히 고민해. 가끔은 그런 고민을 하다가도 '아, 몰라' 하면서 굿즈를 사 버릴 때도 있어. 그리곤 후회하지만……. 그런 일을 반복하면서 혼란을 느끼기도 해. 하지만 한 가지 분명한 점은 알게 됐어. 내가 좋아하는 것들. 이 지구와 최애를 둘 다 잃기 싫다는 거지. 그렇다면 뭔가를 해야 해. 잃기 싫은 걸 지켜야 하니까 말이야. 덕질을 하면서 배운 것 중에 하나가 '덕질은 혼자 할 때보다 여럿이 할 때 훨씬 더 즐겁다'거든. 더 많은 사람들이 그런 마음에 함께한다면 지구를 해치지 않고도 응원할 수 있는 더 많은 방법이, 더 좋은 방법이, 더 다양한 방식이 나올 수 있지 않을까?

덕후가 정치적인 게 어때서요?

가만히 있지 않는 팬들

앞서 이야기한 '케이팝포플래닛'의 활동을 보면서 '너무 정치적인 거 아냐?'라고 생각하는 사람도 있을 거야. 물론 매우 정치적인 활동이지. 근데 그럼 안 되는 걸까? 덕후는 조용히 덕질만 해야 할까? 아님 정치적인 활동은 너무 '과격한' 일인 걸까? 그럼 하나하나 생각해 보자.

'덕질'이 대체 뭘까? 덕질의 방식은 무척 다양하고 사람마다 생각하는 게 다를 순 있겠지만 기본적으로 깔려 있는 건 '누군가를 아끼고 애정하는 행위'잖아. 그런 감정을 갖고 있다 보면 그 대상을 보호하고 싶어지지. 나쁜 일을 겪지 않았으면 좋겠고, 힘든 일을 당하지 않았으면 좋겠다고 말이야. 그런 마음으로 누군가를 응원하고 있는데 갑자기 그 사람이 누가 봐도 정말 억울한 일을 당했거나 부당한 일을 겪고 있다는 게 알려진다면 어떻게 하고 싶을 것 같아? 아마도 목소리를 내고 싶다는 마음이 들 거야.

케이팝의 역사 속에 팬들의 정치적인 행동은 사실 늘 있었어. 아이돌의 과한 노출 패션에 항의하며 담당 코디네이터를 바꾸라고 목소리를 내는 것부터 아이돌에 대한 기획사의 부당한 대우에 대해 반발하고, '노예 계약'과 마찬가지인 불공정한 계약에 문제를 제기하며, 여자아이돌이 과하게 성적 대상화되는 문제를 지적하지. 또 성희롱부터 온갖 악플 등에 제대로 대응하고 아티스트를 보호하라고 요구하고, 팬들을 함부로 대하고 무시하는 처사를 고칠 것을 강조하는 등 이런 정치적인 행동은 이미 손에 꼽을 수 없을 정도야. 기획사에 그런 메시지를 담은 트럭을 보내는 트럭 시위는 이제 흔한 일이 됐지. 뉴진스의 팬덤인 '버니즈'의 경우엔 뉴진스와 하이브-어도어 간의 분쟁에서 무척 적극적인 목소리를 내며 악플러들뿐만 아니라 소속사에 대한 소송도 했어. 팬들이 아이돌을 위해 목소리를 낸 건 아주 최근의 일만도 아니야.

〈동방신기 '족쇄' 푼 카시오페아…팬덤의 승리〉 (2009. 10. 28, 오마이뉴스)

〈마마무 공연, '사상 초유' 팬투표로 연기…막강해진 팬덤의 힘〉 (2018. 11. 18, 오마이스타)

〈K팝 팬덤의 목소리 '트럭 시위'를 보는 시각[이슈S]〉 (2023. 8.6, 스포티비 뉴스)

〈뉴진스 팬들, 어도어 경영진 고발…"뉴진스 연예활동 침해"〉 (2024. 10. 11, 연합뉴스)

이 모든 행동이 늘 정당했고 정말 필요한 일이었는지에 대해선 물론 각각의 경우에 따라 의견이 다를 수밖에 없고, 그에 대해서도 따로 논의할 부분이긴 하지만, 어쨌든 팬들은 언제나 다양한 일에 목소리를 내어 왔어. 그리고 과거보다도 지금의 팬덤은 그런 목소리를 내어 힘을 보태는 데 주저하지 않아. 덕질의 역사 속에서 '가만히 있지 않는 것'이 팬이 해야 할 역할이고, 그것이 사랑의 한 형태가 될 수 있다는 걸 배웠거든.

아이돌을 위해서만 목소리 내는 거 아닌데요?

그리고 사실 팬들은 자기 자신 혹은 사랑하는 아이돌을 위해서만이 아니라 다른 사람, 사회를 위해서도 목소리를 내 왔어. 팬덤에서 다 함께 힘을 합쳐 도움이 필요한 곳에 기부·후원하는 일은 이제 흔한 일이 됐어. 직접 봉사 활동을 하는 팬들도 있지.

그뿐만이 아니야. 사실 케이팝 산업은 퀴어·성소수자 문화에 영향을 받고, 그것을 차용하면서도 그에 대한 언급은 극도로 피해 왔거든. 하지만 케이팝 아이돌 팬덤은 케이팝 산업이 그렇게 퀴어를 지워 버릴 때도, 퀴어문화축제에 참여해 팬덤의 이름으로 무지개 깃발을 흔들었고, 마마무 팬들의 모임인 '무지개무무'는 2017년부터 서울퀴어문화축제에 후원 광고를 해 오고 있어.

학교 측의 일방적인 '미래라이프대학'(평생교육 단과대학) 설립을 반대하던 이화여자대학교 학생들이 시위에서 부른 소녀시대의 〈다시 만난 세계〉는, 이제 여러 집회·시위 현장에서 빠지지 않고 등장하는 노래가 됐어. 집회·시위 현장에서 힘을 얻기 위해 사랑하는 아이돌의 노래를 부르게 된 거야. 케이팝과 함께 청소년기를 보내며 자란 사람들이 정치적 목소리를 낼 때 케이팝을 일종의 '응원가'로 선택한다는 건 전혀 놀라운 일이 아니라고 생각해.

한국 팬들뿐만 아니라 해외 팬들도 마찬가지야. 미국에서 "흑인의 생명은 소중하다"라는 BLM(Black Lives Matter) 운동이 한창이었을 때, 해외의 케이팝 아이돌 팬덤은 여러 모금 활동을 통해 경찰 폭력 반대와 인종 평등을 위해 활동하는 단체에 수백만 달러를 기부했고, SNS에서 해시태그 운동도 열심히 진행했어. 태국에서 민주화 운동이 있었을 때도 태국의 케이팝 팬들, 주로 10~20대인 청년들은 SNS로 집회를 알리고, 또 참여하고, 태국의 인권 변호사 협회에 기부하는 등의 활동을 펼쳤어. 이들 또한 집회 현장에서 소녀시대의 〈다시 만난 세계)를 틀어 놓고 노래하고 춤을 췄지.

정치가 뭔데요?

사실 정치란 어려운 것이 아니고, 특별하거나 유별난 행동도 아니야. 나와 내가 사랑하는 사람, 사랑하는 것들을 위해 목소리를 내는 거지. 계속 함께 일상을 꾸리고 살아가기 위해서 말이야.

내가 살아가는 사회를 좋게 만들고 싶고, 좋은 세상에서 살고 싶다는 건 많은 사람들이 품는 기본적인 욕구라고 생각해. 다만 그 사회가 저절로 만들어지지는 않는다는 거야. 우리 사회의 역사만 봐도 그렇잖아? 식민 지배를 당했을 때 독립을 외친 사람들이 있었고, 독재 정권을 몰아내고 민주주의를 지킨 사람들이 있었어. 반복되어 온 여성 차별의 사회 구조에 맞서 성폭력을 고발하고 변화를 이끈 사람들이 있고, 노동자가 일터에서 죽지 않는 사회를 위해 싸운 사람들이 있고, 성소수자가 차별받지 않는 사회를 만들기 위해 매년 축제를 만들어 온 사람들이 있어. 낯선 땅에서 살아가며 일하는 이주민과 함께하는 사람들이 있고, 장애인이 사회의 일원으로 살아가기 위해 필요한 기본적인 것들을 보장하라고 나선 사람들이 있어. 대학에 가지 않아도 혹은 어느 학교를 나오든 그로 인해 배제되지 않는 사회를 위해 노력하는 사람들도 있지.

이들이 처음부터 엄청난 대의를 품고 '세상을 바꾸겠다'며 목소리를 내기 시작했을까? 그건 아닐 거야. 물론 그런 사람도 있을 수 있겠지만 대부분은 내가, 내 가족이, 내 친구가, 내 동료가, 내가 아는 누군가 그리고 내 최애가 겪은 혹은 겪을 일을 바꾸고 싶다는 생각으로 시작해. 그게 바로 정치야.

사실 정치가 특별한 공간에서만 이뤄지는 것도 아냐. 학교에서 반장선거나 학생회를 뽑는 임원선거에 참여하는 일도 중요한 정치 활동 중 하나야. 각 후보의 공약과 계획을 살펴보고, 선거 활동에 함께 참여하는 것, 투표하는 것 모두 정치적인 활동이거든. 그런 점에서 정치는 국회에서 양복 입은 아저씨들만 할 수 있는 게 아니라 모든 사람이 할 수 있고, 누구나 해야 하는 것이기도 해. 세상엔 그 양복 입은 아저씨들이 잘 아는 것도 있지만 그들이 모르는 게 훨씬 더 많거든. 그냥 생각해 봐도 그렇잖아. 이 세상엔 양복 입은 아저씨가 아닌 사람들이 훨씬 많으니까.

앞서 '케이팝포플래닛'이 기후위기를 막아야 한다고 하는 이유가 "죽은 지구에 케이팝은 없다"는 것만 봐도 그렇잖아? 지구가 더이상 견디지 못하고 죽어 버리면 케이팝도, 내 최애도 없는 거잖아. 최애와 '나'를 위한 목소리를 세상에 내고 있지.

그러니까 덕후도 충분히 정치적일 수 있어. 일단 덕후도 사회의 구성원이잖아. 언제든 정치적일 수 있는 거고, 정치적일 수 있어야지. 그리고 케이팝 팬덤은 사실 정치적 활동을 하기에 굉장히 유리한 공간이야. 그렇지 않아? 나와 어떤 공통점을 가진 사람들이 모여 있고, 그 사람들은 자신이 좋아하는 것에 굉장히 열정적인 편이거든. 그 안에 있으면 혼자 있을 때보다 용기도 생기고, 또 기운도 날 거야. 혼자서라면 하기 어려운 일도 할 수 있고 말이야.

난 종종 '덕후가 세상을 바꾼다'고 생각해. 그리고 그건 어느 정도 사실이기도 하고. 덕후로 살면서 그런 장면들을 목격해 왔고, 나도 그중 한 명이라 믿거든. 내 최애가 살기 좋은 세상은 내가 살기 좋은 세상이고, 내가 살기 좋은 세상은 내 최애도 살기 좋은 세상일 거야. 또 내가 살기 좋은 세상은 다른

덕후들이 살기 좋은 세상일 테니까. 우리가 서로를 위해 무언
가 하나씩 하고 있다고 생각한다면, 힘이 나지 않아?

누군가를 위해 목소리를 내어 본 경험이 있어? 왜 그 목소리를 내야 한다고 생각했어? 내가 목소리를 내야 한다면 무슨 이야기를 하고 싶은지 생각을 나눠 보자.

기후 위기에 대해서 많이 들어봤지? 북극의 빙하가 빠른 속도로 녹고 있어서 북극곰 서식지가 사라지고 있는 것, 우리를 괴롭히는 폭염과 한파가 이전보다 증가하는 것도 모두 기후 위기의 영향이야. 이런 기후 위기는 해양 생물, 농작물에도 큰 피해를 끼치지. 이 기후 위기를 막기 위해 플라스틱을 줄이고, 가까운 거리는 대중교통을 타자고 목소리를 내고 있어. 그렇지 않으면 우리가 생각치 못한 자연재해가 계속 이어질 거야.

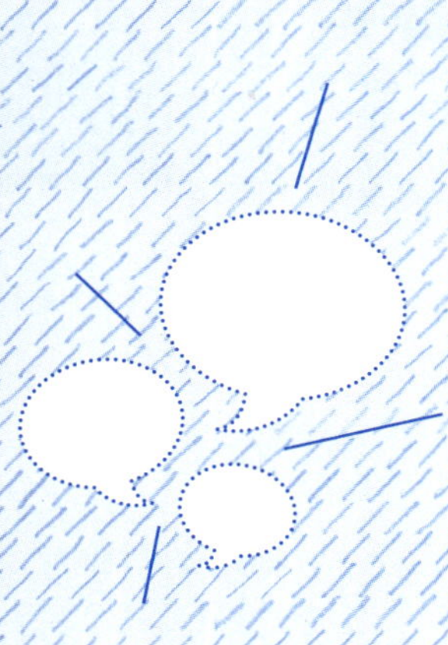

'모두'가 즐기는 케이팝 시대

아이돌은 세계로 뻗어나가 자랑스러운 케이팝 문화를 만들었어.
전 세계 사람들은 이제 케이팝을 따라 부르고 함께 춤을 추지. 그런데 인기가
많아질수록 케이팝은 그만한 책임을 지고 있을까? 장애가 있는 사람,
다양한 문화적 배경을 가진 사람들은 케이팝 세계에서 어떻게 위치하고 있을까?
오늘날 케이팝은 어떤 다양성을 품으면 좋을지, 케이팝 문화에 필요한 변화는
무엇인지 함께 이 장에서 생각해 보자.

케이팝이 '다른' 문화를 훔친다고?

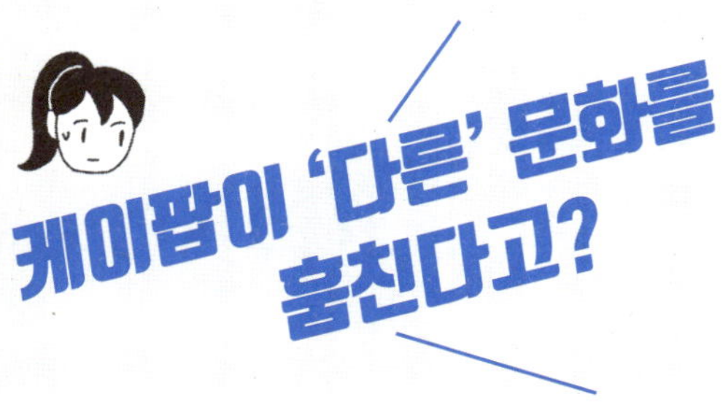

'다른' 문화를 차용한다는 것

2020년 7월에 공개된 블랙핑크의 〈하우 유 라이크 댓(How You Like That)〉의 뮤직비디오엔 힌두교의 신 가네샤 상(像)이 바닥에 놓여 있는 장면이 있었어. 그 장면은 인도인들로부터 큰 비판을 받았지. 그 신을 신성하게 생각하며, 정성껏 모시는 인도인들에게 가네샤 상이 단지 뮤직비디오의 소품으로 사용됐다는 건 너무 무례한 일이었던 거야. 비판의 목소리가 커지자 기획사 측은 그 장면을 삭제하는 걸로 문제를 해결했어.

엔시티 유의 〈메이크 어 위시(Make a Wish)〉 뮤직비디오에 대해서도 문제 제기가 있었어. 무대 배경 이미지가 이슬람교의 예배당인 모스크의 내부와 비슷하게 연출되었거든. 종교적으로 신성한 장소임에도 단지 뮤직비디오에서 영화 〈알라딘〉 같은 이국적인 분위기를 내기 위한 목적으로 쓰였다는 게 문제였어. 다른 문화와 종교에 대한 배려가 없는 연출이었지. 사실 케이팝의 역사 속에서 이렇게 다른 문화를 함부로 이용한 건 한두 번이 아니야.

자주 등장하는 예를 살펴보자. 아이돌이나 힙합 가수가 드레드록스나 아프로 헤어 스타일을 한 모습을 한 번쯤 본 적 있지? 한국에선 '레게 머리'라고도 불리는 드레드록스와 '폭탄 머리'라고도 불리는 아프로는 사실 흑인들의 전통 헤어 스타일이야. 케이팝 가수가 그런 헤어 스타일을 했을 때, 글로벌 팬들로부터 "왜 그런 머리 스타일을 했냐? 문화적 전유 아니냐?"는 비판을 받아. 많은 한국 팬들은 '머리 스타일을 그렇게 한 것 뿐인데 왜? 문화적 전유가 대체 뭔데?'라고 생각할 거야.

타문화 사용하는 게 뭐 어떻냐고?

문화적 전유(Cultural appropriation)는 문화적 도용이라고도 하는데, 특정 집단(주로 권력이나 자원이 더 많은 지배 집단)이 다른 집단(주로 소외되거나 역사적으로 억압받아온 집단)의 문화를, 적절한 이해나 인정 없이 마치 자신의 것인 듯 쓰는 걸 말해. 이것이 문제가 되는 이유는 이런 타문화의 사용이 무례하거나 착취적이고, 편견을 만들며, 고정관념에 기반한 것일 수 있기 때문이야. 한번 예를 들어 볼게. 만약 영국 출신의 백인 디자이너가 한복을 입고 일본의 나막신을 신은 백인 모델들을 무대 위에 올리고 태국인들이 하는 손 합장 인사까지 시키는 패션쇼를 한다면 어떨까? 그리곤 이것이 자신이 아시아에서 영감을 받아 개발한 디자인이라고 말한다면 말야. 후폭풍이 아주 거세지 않을까? 일단 아시아 각 국가의 문화를 전혀 모르고 패션쇼를 진행했다는 비판을 받겠지. 설사 그 디자이너가 아시아 문화에 정말 큰 관심을 갖고 연구를 했다 하더라도 마찬가지야. 한복이 한국인에게 어떤 의미인지, 한국과 일본의 관계가 어떠하고 그것을 얼마나 섬세하게 다뤄야 하는지 모르는 게 너무 보이잖아. 그리고 각 나라의 인사 방식은 모습도 다르고 의미도 달라. 그 모든 걸 무시하고 각 나라의 어떤 '이미지'만 가지고 와서 섞어 버렸어. 그렇다는 건 그 디자이너가 아시아 문화에 굉장히 무지했으며, 백인으로서 아시아에 가진 고정관념에서 벗어나지 못했다는 말이기도 해. 결국 그 디자인은 문화적 전유·도용일 수밖에 없어.

드레드록스, 아프로 등의 헤어 스타일도 그런 문화적 전유의 관점에서 볼 필요가 있어. '힙합 혹은 힙합 요소, 스타일이 들어간 음악, 무대를 하니까 그런 헤어 스타일을 하면 좋지 않을까?' 하고 생각하는 것 자체가 나쁘다는 건 아냐. 다만 우리에게 한국 문화가 중요하듯이 타문화에 대한 존중도 필요하다는 거지. 드레드록스는 흑인 문화권에서 단지 그냥 헤어 스타일이 아니고 다양한 맥락이 있거든. 이 헤어엔 그들의 아프리카인으로서의 문화와 전통이 담겨 있고, 서구권의 식민주의, 노예제 등의 억압에 맞서는 저항의 상징이 담겨 있어.

거기다 지금도 미국 사회에서는 흑인이 단정하게 머리를 펴지 않고 이 머리를 했다는 이유로 여전히 차별을 당하기도 하거든. 또한 실용적인 측면에서도 그 헤어 스타일이 그들의 곱슬머리를 잘 관리하는 방법이야. 그런 점에서 사실 그런 곱슬머리가 아닌 이들이 드레드록스 헤어 스타일을 했을 때 오히려 관리나 유지가 더 어려워. 그런데도 우리 문화권에서 그런 머리 스타일을 한다는 것이 사실 조금 이상한 일이야.

그러니까 한국인 아이돌이나 가수가 힙합 무대를 한다는 이유로 드레드록스 헤어 스타일을 한다면, 비판의 여지가 있어. '힙합-흑인-드레드록스'라는 단순 공식을 재현한 편견이나 고정관념이기도 하고, 타문화를 어떤 '이미지'로만 이용한 거니까. 아직도 흑인들은 그 머리 때문에 차별 받는데, 한국 아이돌이 단지 '힙(Hip)해 보이기 위해서' 그 머리를 하고, 대중들에게 멋지다고 평가 받는 상황이 흑인들에겐 오히려 상처가 되지 않을까? 그 머리 스타일은 결코 '패션'이 아닌데 말이야.

퀴어문화는 쓰지만, 퀴어는 싫어?

케이팝에서 일어나는 문화적 전유 문제를 이야기할 때 빠지지 않고 등장하는 게 또 하나 있어. 바로 퀴어문화야. 그리고 케이팝이 이 퀴어문화를 전유하는 대표적 방식이 바로 '퀴어베이팅'(Queer Baiting)이지. 퀴어베이팅은 쉽게 말해서 '미끼'를 퀴어들에게 던진다는 건데, 예를 들어 남-남 혹은 여-여 동성 간의 묘한 신체적 접촉이나 시선을 보여 주며 사람들의 관심을 끌지만 그것이 결코 '동성애적인 무언가'라는 건 말하지 않음으로써 퀴어혐오 세력들의 비난은 피하는 거야. 이런 퀴어베이팅은 뮤직비디오, 무대 퍼포먼스 등에서 활용되며 케이팝 산업에서 유구하게 반복해 온 '마케팅 기법'이지.

심지어 케이팝 아이돌계엔 '비게퍼'(비즈니스 게이 퍼포먼스) 혹은 '비레퍼'(비즈니스 레즈비언 퍼포먼스)라는 말이 있어. 한 번쯤 봤을 거야. 아이돌은 무대 위나 예능 프로그램 등에서 동성 멤버들끼리 과한 스킨십을 하거나 빼빼로 게임 등을 하며 팬들에게 '커플 떡밥'을 제공해. 팬들은 물론 이걸 보고 즐거워하고 재미있어 하지. 하지만 냉정하게 봤을 때 이런 행동은 돈을 벌기 위해 혹은 인기나 관심을 얻기 위해 동성애적 친밀감을 '팬 서비스'로 파는 행위라고 봐. 왜냐면 케이팝 산업이나 아이돌이 제대로 퀴어문화 혹은 퀴어를 존중하는 일이 거의 없거든. 현실 속 성소수자는 여전히 차별을 겪고 혐오에 두려워하며 자신을 숨기고 있는데 아이돌은 단지 '동성애스러운'

걸 연기하며 인기를 얻고 있으니까 비판할 수밖에 없지.

이런 케이팝의 또 다른 문제이자 모순은, 그룹 내 동성 멤버들이 껴안고 뽀뽀하는 등의 장난을 치면 "잘 어울린다. 둘이 사귀어라"며 열광하면서 그 아이돌이 커밍아웃할 거라고는 생각을 안 하는 거야. '비게퍼' 같은 판타지가 아니라 조금이라도 진짜로서 이야기하면 "우리 ○○이는 그런 사람 아니"라고 바로 정색하거든. 우리가 보고 싶은 '판타지 속 동성애'는 좋지만, '현실 속 진짜 성소수자는 싫다'는 거지. 짜여진 놀이처럼 즐기면서, 진짜 존재는 지워 버리려는 태도. 이게 바로 케이팝 안에 숨겨진 퀴어 혐오야.

【 **퀴어문화의 유산들** 】

퀴어문화에서 탄생한 춤이나 음악을 가져와서 쓰지만, 그 뿌리에 대한 존중이 부족한 점도 자주 지적되는 부분이야. 예를 들어 '보깅'이라는 춤의 장르는 1960년대 미국 뉴욕 흑인·라틴계 퀴어들의 무도회장인 볼룸 문화에서 발전한 거야. 유명 잡지 《보그(Vouge)》 모델들의 포즈에서 영감 받아 만들어진 장르로 알려져 있어. 당시 사회에서 억압 받던 퀴어들의 자유와 저항이 담긴 춤이기도 해. 디 보깅은 케이팝에서도 자주 등장했어. 이외에도 퀴어문화의 영향 받은 음악이나 춤 장르로는 하우스나 디스코 음악, 왁킹이라는 춤의 장르가 있어.

하지만 한국 사회에선 이런 음악이나 춤 장르가 퀴어문화에서 기원했다는 것을 거의 언급하지 않아. 힙합이 흑인 문화에서 왔다고 이야기하는 것처럼 보깅은 퀴어문화에서 왔다고 자연스럽게 말하냐는 거야. 오히려 언급하지 않는 게 이상하지. 그렇기 때문에 케이팝이 퀴어문화를 문화적 전유했다는 비판을 받는 거야. 그렇다고 매번 보깅을 출 때마다 일일이 설명을 해야 한다는 건 아냐. 내가 짚고 싶은 문제는 케이팝 역사 속에서 퀴어문화가 제대로 언급되지 않았다는 거고, 그건 결국 한국 사회의 여전한 퀴어 혐오와 연관되어 있다고 생각해.

또 다른 예를 들어 볼게. 2024년 아이유가 미니 6집 앨범 발매를 앞두고 '러브 윈즈(Love wins)'라는 이름의 노래를 선공개하려고 했던 일이 있었어. 성소수자 커뮤니티에서 '러브 윈즈'가 성소수자의 슬로건으로서 "사랑은 혐오를 이긴다"는 의미로 오랫동안 사용되어 온 역사를 지적하자 소속사는 결국 제목을 '러브 윈즈 올(Love wins all)'로 변경했지만 그걸 알리는 공지에서도 여전히 '성소수자'나 '퀴어'라는 단어는 전혀 언급하지 않았어. "다양한 모습으로 사랑하며 살아가는 모두를 더욱 존중하고 응원하고 한다"는 말이 있을 뿐이었지. 그 말 자체가 잘못된 건 아니지만, 끝까지 퀴어나 성소수자를 일체 언급하지 않았다는 건 케이팝의 오랜 퀴어문화 차용과도 닿아 있다고 볼 수 있지 않을까?

훔쳐가지 않는 케이팝이 되려면?

케이팝의 문화적 전유의 사례는 손에 꼽을 수 없을 정도로 많아. 그에 대한 문제 제기가 최근에 일어나고 있는 것도 아니야. 이제 더이상 "타 문화를 비하하려는 나쁜 의도는 없었다"는 말은 통하지 않아. 몰랐다면 깔끔하고 정중하게 사과를 하는 게 첫 번째이고, 그다음엔 '질문하면서 새로운 걸 배우는 일'이라고 생각해. 내가 좋아하는 아이돌이 독특한 의상을 입거나, 새로운 장신구를 했을 때 무작정 "와, 힙하다!" 하고 감탄하기 전에 한번 스스로 질문해 보는 거야. "저 머리 모양(드레드록스)은 따로 기원이 있을까? "깃털이 많이 달린 저 장신구는 어디에서 영감을 받은 걸까?" 그리고 검색을 하면 여러 정보를 발견할 수 있을 거야. 때때로 그건 교과서로 배우는 세계사보다 재미있을 수도 있어. 맨날 아이돌 영상만 본다고 잔소리하는 부모님이나 선생님한테 "왜요, 전 새로운 정보를 탐색 중인데요?"라고 말할 구실도 생기잖아. 꽤 괜찮지 않아?

해외 팬이 '문화적 전유'를 지적했을 때 "예민하다" "나는 한국인인데 하나도 안 불편한데?"라며 선부터 긋지 말고, 그들의 이야기를 들어 보는 것도 무척 중요해. 친구의 발을 밟았으면서, "별로 안 아파 보이는데?"라고 판단하는 건 내 몫이 아니야. 아픈지 안 아픈지는 밟힌 친구가 결정하는 거잖아. 인도 문화가 왜곡되었다면 인도 팬들의 말을 들어야 하고, 흑인 문화가 희화화되었다면 흑인 팬들의 목소리에 귀 기울여야 해. 진정한 존중은 '상대방'의 기준에서 생각하는 것이니까.

케이팝이 빌보드 차트에 오르고 케이팝을 소재로 한 영화가 전 세계에서 흥행을 거두는 시대가 됐어. 그렇다면 우리도 그에 걸맞은 '글로벌 감수성'을 가져야 하지 않을까? 단지 케이팝이 잘 되니까 좋다가 아니라 이만큼의 영향력이 있는 문화를 가졌다면 그만큼 더 책임감을 가져야 한다고 생각해. 당연히 기획사는 문화적 검수를 꼼꼼히 해야 하고, 아이돌에게 그와 관련된 교육도 해야지. 팬들 또한 그런 문제 제기가 있을 때 상대방의 이야기를 듣고 함께 배워 갈 자세를 가져야 해. 그런 배움은 우리가 해외에 나가 다양한 국가와 문화를 가진 사람들을 만났을 때 꼭 필요한 힘이 되어 줄 거야.

케이팝에 다양성을!

안녕하세요~
안뇽하새여!

꺄~ 우리 OO는 한국어 너무 잘하지 않아? 귀여워~
OO이는 태국 출신인데, 한국 사람처럼 보여.

한국 사람처럼 보인다는 건 좋은 말이야?
한국 사람처럼 보이면 좋잖아. 예뻐보이고!

그게 왜 좋아?
음...

한국 사회의 인종차별

혹시 좋아하는 케이팝 아이돌 그룹에 외국인 멤버가 있어? 이 질문에 '아니'라고 답할 수 있는 사람은 아마 많지 않을 거야. 케이팝 그룹엔 1세대부터 외국인 멤버, 외국 국적 멤버는 늘 있었고, 지금은 더 많아지고 있는 추세야. 심지어 이젠 외국인으로만 이뤄진 케이팝 그룹도 있어.

하지만 한국 사회가 그 외국인들을 잘 받아들이고 있는지는 의문이야. 외국인 멤버의 능숙하지 않은 한국어 발음을 놀리거나 그걸 오히려 굉장히 귀여운 걸로 대하는 일은 여전히 일어나는 것 같아. 그걸 볼 때마다 난 "제발 그러지 말아 줘!" 하고 외치곤 해. 상상해 봐. 영어가 모국어가 아닌 내가 미국에 가서 열심히 영어를 썼는데 발음을 놀림 받는다면 어떨까? 귀엽게 여기는 건 뭐 한두 번 정도는 괜찮을 수도 있어. 하지만 계속 그런다면? 정말 내가 너무 귀여워서일까? 아니, 아마 어리숙한 영어 발음이나 문법이 틀리는 걸 재미있게, 귀엽게 본다는 의미겠지. 그게 기분 좋은 사람이 얼마나 있을까?

외국인 멤버에게 과도하게 '한국인 됨'을 요구하거나 한국 문화의 어떤 지점을 강요하는 것도 마찬가지야. 물론 그들이 한국 사회에서 활동하는 한 한국 문화를 배우는 건 필요하고 중요한 부분이야. 하지만 한국인으로서 우리는 그들의 문화나 생활 방식을 얼마나 이해하고 존중하고 있을까? 아니, 알려고 한 적이 있을까? 또한 외국인 멤버들의 출신에 대해서도 편견이 작동하는 부분이 있어. 영어가 모국어인 영미권 국가에서 온 멤버들을 대하는 방식과 그 외 국가 출신의 멤버들을 대하는 방식 말야. 일본인, 중국인 멤버에 대해선 처음부터 편견을 갖고 경계하는 경우가 있고, 태국 출신의 멤버들을 바라볼 땐 그들의 외모가 '얼마나 한국인 같은지' '피부가 얼마나 밝은지'로 쉽게 평가하기도 해. 그 멤버에게 "○○이는 한국인 같아"라는 말을 칭찬으로 하는 팬들도 있어. 설사 상대가 그 말에 별 문제 없이 반응했거나 좋은 반응을 보였다 하더라도 그런 말은 사실 인종차별에 기반한 말이라는 걸 알아야 해. 동남아 출신의 누군가에게 "너 되게 한국인같이 생겼다"라는 말을 '칭찬'으로 했다는 건 무슨 말일까? 그 나라 출신으로는 안 보이고, 오히려 한국인처럼 보인다는 말이 '좋은' 의미의 말이 되려면 그 나라가 한국보다 안 좋은, 못 사는 나라여야 하는 거 아니야? '우리=한국'이 더 우위에 있다고 생각하니까 한국인처럼 보인다는 말을 칭찬으로 쓰는 거지. 이게 인종차별이 아니면 뭘까?

인종차별은 옳지 못한 일이고, 하면 안 되는 거라는 건 이미 다들 잘 알고 있어. 그래서 우린 인종차별을 하지 않는다고 쉽게 생각하지만 사실은 타문화, 다른 인종의 사람들을 있는 그대로 받아들이지 못하는 것도 인종차별이야. 영어 학원과 학교에서 백인 교사가 선호되는 것, 백인이 아니더라도 최대한 '밝은' 피부가 선호되는 것, 외국인 중에서도 영어가 모국어인 사람을 가장 '높게' 쳐 주는 것, 어두운 피부의 외국인을 경계하는 것, 특정 국가 출신의 사람에게 나라 비하 단어를 사용하는 것, 특정 국가 출신의 사람에 대한 편견과 고정관념을 강화하는 것 등 생각보다 많은 것들이 인종차별이고, 한국 사회는 그 인종차별이 꽤 견고하게 자리 잡혀 있는 사회야. "글로벌한 케이팝의 국가!"라는 말과는 어울리지 않지. 정말 변화가 필요한 부분이야.

〚 '단일한' 한국인이 대체 뭔데? 〛

변화가 필요한 이유는 케이팝 대문만은 아니야. 사실 한국 사회엔 이미 정말 많은 외국 국적의 사람들이 살아가고 있거든. 2025년 행정안전부 발표에 따르면 "국내 거주 외국인 주민 수 258만 명으로, 총인구의 5%이며, 이는 '역대 최다' 수치"래.

'258만 명이라는 숫자가 많은 건가?' 싶겠지만, 17개 시·도 인구 규모 순위와 비교하면 6위 도시인 경북(2,602,221명)과 7위 도시인 대구(2,353,032명) 사이에 해당하는 수준이야. 외국인들로만 도시를 만든다고 한다면 7위를 밀어내고 6위가 될 수 있는 수준이라는 거지. 예상보다 더 외국인이 많다고 느끼는 사람도 있을 테고, 내 주변엔 없는데? 싶은 사람도 있을 거야. 사실 이 통계엔 '외국인'만 들어간 거니까 다양한 인종과 출신을 따지면 더 많을 수밖에 없지. 외국 국적이었다가 귀화한 사람도 있고, 양육자는 외국 국적이지만 본인은 한국 국적인 사람도 있으니까.

한국 사회는 이미 다민족, 다문화 사회가 되어 가고 있어. 하지만 여전히 이 사회가 '한국인' '한민족'으로 이뤄졌다고 생각하는 사람들이 있는 것 같아. 우리는 단일한 민족의 사람들이라고. 사실 우린 결코 '단일한' 사람들이 아닌데 말이야. 같은 학교를 다니고 있다 하더라도 생활 환경이 다르고, 가족 구성원도 다르고, 접하는 문화도 다를 수 있어. 어렸을 때부터 노인과 같이 산 사람, 장애인과 같이 산 사람, 외국 국적의 사람과 같이 사람이 세상을 보는 방식과 경험한 것은 그런 삶을 살지 않은 사람과 다를 수밖에 없지. 하지만 우리 사회는 양육자가 둘 있는, 비장애인으로만 이뤄진, 경제적으로 취약하지 않은, '한국인' 가정에서 사는 삶을 쉽게 '기본값'으로 여겨 버려. 모두가 그런 단일한 경험을 할 거라고 말이야. 그런 가정이 나쁜 이유는 간단해. 사회가 상정한 기본값에서 조금만 벗어난 삶에 대해선 이상하다고 규정해 버리거든. 다양한 삶에 대한 상상력은 물론, 이미 존재하는 이들의 삶 자체도 지워 버리는 거지.

주변을 조금만 둘러봐도 알잖아. 아니, 내 삶, 우리의 삶도 이미 그 '기본값'에서 벗어나 있곤 해. 이미 다양한 사람이, 여러 방식으로, 각기 다른 색을 내겨 살아가고 있다는 걸 매일 목격하고 있지 않아? 오히려 '하나의' '단일한' 무언가로 묶으려고 하는 게 더 이상하다는 생각이 들 정도로 말이야.

이 시대의 케이팝, 그게 대체 뭔데?

케이팝엔 한국(Korea)를 뜻하는 'K'가 들어가 있지. 그렇기 때문에 이것이 한국 고유의 무언가, 한국다운 무언가, 한국을 대표하는 무언가라 생각하곤 하지만 지금의 케이팝을 찬찬히 보고 있으면 질문이 생길 수밖에 없을 거야. 무엇이 케이팝 아이돌인 걸까? 그룹에 한국인 멤버가 있으면? 한국인 작곡가,

작사가가 만든 노래를 부르면? 한국에서 연습생 생활을 하고 한국에서 데뷔했으면? 한국어로 된 노래를 부르면?

BTS의 소속사인 하이브와 유니버설 뮤직 그룹 산하 게펜 레코드가 함께 만드는 서바이벌 오디션 프로그램 〈팝스타 아카데미: KATSEYE〉에서 데뷔한 걸그룹 캣츠아이를 예로 들어 볼까? 이들은 글로벌 오디션을 통해 연습생으로 선발됐고, 미국에서 주로 연습생 생활을 했지만 하이브의 설계에 따라 '한국식' 케이팝 아이돌들의 훈련 과정도 거쳤어. 최종 선발된 멤버 6명 중 1명이 한국인이고, 이들은 영어로 된 노래를 부르면서 주로 글로벌 시장을 타깃으로 활동하지만 한국 음악 방송 프로그램에도 나와. 이들은 팝그룹인 걸까, 케이팝 그룹인 걸까? 한국에서 데뷔했고 멤버가 모든 일본인인 XG는 어떻게 봐야 할까? 이들은 제이팝 그룹인 걸까? 케이팝 그룹인 걸까? 그 누구도 단번에 말하기 어려워.

우리가 좋아하는 케이팝의 대부분은 이제 각기 국적도 다른 여러 명의 작곡가나 작사가가 만들어. 뉴진스의 〈Super Natural〉엔 한국어, 영어, 일본어 가사가 모두 들어가 있지. 앞서 말했듯이 외국인 멤버의 구성도 점점 다양해지고 있어. 팬들의 구성도 마찬가지야. 연령대 범위도 넓어졌고 국적도, 사는 곳도, 직업도, 성별 정체성도 이미 다양해.

장애가 있으면 아이돌 못 해?

그런데 그거 알아? 이 시대 케이팝 아이돌들의 바뀌지 않는 공통점은 젊고 건강한 신체를 가진 이들이 대다수라는 점이야. 물론 이들 중엔 어떤 신체적 질병이나 장애를 갖고 있지만 그게 드러나지 않는 경우가 있을 수도 있어. 하지만 많은 이들이 인지할 수 있을 정도의 장애를 가진 이들이 아이돌로 활동하는 모습을 본 일은 정말 드물어. 왜 그럴까? 그럼 몇 가지 예시를 들어 생각해 보자.

휠체어를 이용하는 장애인이 아이돌을 할 수 있을까? 휠체어를 움직일 수 있는 사람이라던 무대에 충분히 오를 수 있지 않을까? 그럼 또 무대에서 춤도 출 수 있지 않을까? 맞아. 충분히 할 수 있지. 실제로 휠체어무용, 휠체어댄스는 이미 하나의 장르이기도 해. 한국에도 대한장애인댄스스포츠연맹이 있고, 세계 대회에서 수상하는 성과를 보여 줄 정도야. 비장애인들이 잘 인지하지 못하고 관심을 두지 않아서 그렇지 이미 무대에 서는 장애인은 있어.

시각 장애인은 어떨까? 사실 시각 장애를 가졌다고 해서 모두가 완전히 시력을 잃은 상태는 아니야. 저시력 시각 장애인들도 있고, 시력의 정도도 차이가 있어. 그러니 시각 장애인도 무대에 올라 춤을 출 수 있다는 거지. 그럼 완전히 시력을 잃은 사람은 무대에 서는 것이 불가능할까?

혹시 연극이나 뮤지컬 등의 공연을 보러 간 적이 있다면, 암전 상황을 경험해 본 일이 있을 거야. 정말 주변 아무것도 보이지 않는 상황인데, 암전이 끝나면 놀랍게도 배우들은 각자의 위치에 자리하고 있고, 심지어 무대 위 소품도 자연스럽게 바뀐 경우가 있어. 이게 가능한 이유는 암전 상황에서도 무대 위에서 움직이는 사람들을 위해 형광 테이프 등으로 약속된 표시가 있기 때문이야. 그리고 암전 상황에서의 움직임, 동선 등을 미리 연습하고 그 부분을 합의한 덕분이지. 이런 게 가능하다면 시각 장애인을 위한, 시각 장애인과 함께 설 수 있는 무대를 만드는 것도 충분히 가능하지 않을까? 시각 장애인 댄서나 아이돌이 무대 위에서 안전함을 느끼고 움직일 수 있다면 그들 또한 자신이 가진 재능을 충분히 보여 줄 수 있을 거야.

케이팝을 누구나 즐길 수 있다면?

'청각 장애인은 아이돌이 되기엔 좀 힘들지 않나?' 하고 생각하는 사람도 있을 거야. 아이돌은 음악에 맞춰 노래와 춤을 해야 하는데, 노래를 못 들으면 불가능하지 않냐고 말이야. 물론 힘들 순 있지. 하지만 이미 청각 장애인 아이돌이 데뷔를 했다면? 2024년 4월, 한국 최초의 청각 장애인 아이돌 그룹 빅오션이 데뷔했어. 공중파 음악방송에도 출연해 무대도 했고, 외부 무대에도 서는 등 여러 활동을 이어가고 있어. 이들은 1년 6개월의 연습 기간을 가졌다고 해. 연습 때 안무 박자를 맞추기 위해서 스마트워치 형태로 진동을 주는 메트로놈, 모니터 빛 메트로놈, 수신호 등 다양한 방법을 활용했대. 이들은 무대 위에서 구어로 노래하기도 하고 수어로 노래하기도 해.

사실 수어로 노래하는 사람은 생각보다 많아. 최근 장애접근성을 보장하고자 노력하고 있는 연극 공연을 보러 가면, 어느 한 구석에 수어통역사가 자리하고 있는 게 아니라 무대 위에서 배우들과 유사한 동선에 맞춰 움직이며 수어 통역을 하는 걸 볼 수 있어. 어떻게 하면 청각 장애를 가진 이들 또한 공연을 즐길 수 있을지 고민하는 창작자가 늘어나고 있다는 건 굉장히 좋은 일이라고 생각해. 아니, 사실 그동안 이런 접근이 없었다는 게 문제이지 않을까?

지금 우리의 케이팝 산업에서 '장애'는 무대 안팎으로 여전히 드러나지 않는 것 같아. 이는 우리 사회가 비장애중심사회이라는 걸 보여 주는 지표이기도 해. 장애를 갖지 않은 사람, 비장애인이 수적으로 많기 때문에 많은 것들이 비장애인 위주로 될 수밖에 없다고 할 수도 있어. 하지만 지하철 엘리베이터가 필요한 사람은 장애인만이 아니잖아? 노인이나 유아차와 함께하는 사람, 일시적으로 부상을 당한 사람 등 그 범위는 사실 넓어.

청각 장애를 가진 이들을 위해 방송이나 유튜브 등에서 자막을 제공하는 것 본 적 있지? 그런 자막 제공 서비스는 비장애인들도 원할 때 이용할 수 있지. 어떨 땐 자막이 있으면 굉장히 편하거든. 이런 사소한 것부터 비장애인 또한 어느 때엔 장애접근권이 보장된 무언가가 필요할 수 있어. 그리고 사실 누구나 어떤 일로 질병이나 장애를 갖게 될 수 있어. 그건 무섭거나 절망적인 일이 아니야. 그냥 그런 일이 일어나는 거지. 우리 사회에서 그게 마치 '절망'인 것처럼 여겨지는 건 말했다시피 이 사회가 비장애중심이라서, 장애인을 시민의 한 사람으로 받아들이지 못해서, 장애인이 되면 많은 부분에서 배제당하거나 차별을 겪기 때문이야. 장애인이 아이돌이 될 수 있다면, 또 아이돌의 팬이 되어 공연과 팬 사인회도 갈 수 있다면 무엇이 바뀌게 될까? 장애인에게도 비장애인과 같은 접근성이 주어진다면, 비장애인을 대하듯 세상의 인식도 변할 수 있을 거라고 생각해.

모두를 위한 케이팝

지금 우리의 케이팝 아이돌 산업은 다양한 것이 뒤섞여 있어. 아마 앞으로 케이팝은 더 많은 것들과 뒤섞이게 될 거야. 케이팝에 참여하는 사람도, 케이팝을 응원하는 사람도 다양해지고 있으니까.

그러니까 우린 케이팝의 세계로 입장하고 있는 이 다양함을 제대로 포용해야 해. 그러지 않으면 무한하게 확장할 수 있는 가능성을 잃어버릴 거거든. 케이팝이 옛날 방식의 성별 이분법적 남성성, 여성성을 지루하게 반복하거나, 어떤 전형적인 외모를 강조하거나, 다른 문화를 배제하거나 지워 버리고, 장애인을 지우는 일들을 계속해 나간다면, 결국 이 세계로 입장하는 사람은 줄어들 수밖에 없어. 그러면 결국 케이팝도 사라지는 순간이 올지 몰라.

그건 싫잖아. 그러니까 아이돌 기획사, 제작자, 아이돌뿐만 아니라 케이팝을 덕질하는 팬들 뜨한 해야 하는 일이 있어. 바로 '다름'을 차별하지 않고 배제하지 않는 거야. 함께 다양한

'차이'를 배워 나가고, 다양성을 포용하는 케이팝을 만드는 거
지. 팬들은 케이팝을 이야기할 때 빼놓을 수 없는 중요한 요소
중 하나이니까 말이야. 그게 바로 진짜 모두가 하나된, 모두를
위한 케이팝 아닐까?

해외 팬이 내 최애의 이번 뮤직비디오 콘셉트가 자신의 문화를 차용한 것이라고 문제를 제기했어. 그럴 때 난 해외 팬과 어떤 대화를 나눠야 할까?

해외 팬 ▶ ○○의 이번 콘셉트는 우리 문화를 차용한 거야.

나 ▶ 어떤 부분이 그런지 알려 줄 수 있어?

해외 팬 ▶ 입고 있는 옷에 달린 장식은 단순한 악세서리가 아니야. 우리 문화에선 신성한 의미로 쓰기는 거거든.

나 ▶ 이 참에 나도 그게 어떤 건지 좀 더 찾아 볼게.

해외 팬 ▶ 이런 일이 한두 번이 아니라서 속상해.

나 ▶ 다른 나라의 문화를 이해하고 존중하자고 나도 함께 목소리를 낼게.

좋아하는 마음을 위해서

　미국에서 열리는 시상식 중 하나로 음악계에서 권위 있는 시상식으로 여겨지는 제68회 그래미 어워드의 개막 무대는 2025년 큰 인기를 얻었던 블랙핑크 멤버인 로제와 팝가수 브루노 마스의 듀엣곡 〈APT.〉였어. 미국에서 열리는 유명 음악 페스티벌인 '코첼라'에 케이팝 아이돌이 무대에 서는 건 이제 놀라운 일도 아니야. 아이돌의 영향력은 다양한 방면에서 점점 커지고 있어. 더불어 케이팝 내에서의 변화와 도전도 이어지고 있어. 책에서 언급했듯이 청각장애가 있는 아이돌이나 '젠더리스' 그룹이 나오고, 성소수자로 커밍아웃하는 아이돌도 등장했어. 또 2026년 1월 발매된 아이들의 〈모노〉엔 "Gay"라는 가사가 포함되었어. 오랫동안 퀴어문화를 전유했지만 퀴어나 퀴어문화에 대한 언급을 극도로 꺼리던 케이팝이 아닌 다른 모습을

보여 준 거지. 오랫동안 덕질을 해 온 사람으로서 이런 모습들을 볼 때 가슴 벅찬 기분을 느끼는 것 같아. 여러분들은 어때? 아이돌을 좋아하는 내 마음에 뿌듯함을 느낄 때가 있어?

또 반대로 내가 좋아하는 아이돌 때문에 스트레스 받을 때도 있지. '앞으로 기후 위기는 점점 더 심해질 거라는데 포카 때문에 앨범을 여러 장 사서 쓰레기를 만드는 게 맞나' '아이돌에게 점점 더 많은 감정노동을 요구하는 건 괜찮나' '왜 여돌은 유독 노출이 많은 옷을 입는 걸까' 같은 의문이 생기고 변화하지 않는 모습을 볼 때마다 답답하기도 해.

그럴 때 이 책이 도움이 되면 좋겠어. 책에서 여러분에게 이런저런 잔소리를 한 것 같기도 하지만 사실 그럴 의도였다기보다 아이돌을 좋아하면서 우리가 충분히 함께 생각해 볼 수 있는 것들을 알려 주고 싶었어. 누군가 혹은 무언갈 좋아한다는 마음이 얼마나 가슴 설레고 따뜻한 일인지 아니까, 그 마음이 모나지 않고 오래 갈 수 있기를 바라기 때문이지. 그러기 위해선 내가 좋아하는 아이돌이, 케이팝 산업과 팬덤 문화가 어떤지 잘 들여다 보고 이런저런 생각을 해 보는 게 좋다고 생각하거든. 가능하

다면 친구들, 선생님이나 가족들과도 생각을 나눠 보고 말이야. 물론 말이 통하지 않거나 내 생각과 다른 의견이라 오히려 논쟁이 생길 수도 있어. 하지만 그런 과정을 통해 상대방의 입장을 이해하고 배우게 되는 것도 있잖아.

'난 그냥 생각없이 아이돌 좋아하고 싶은데, 그냥 좋은 것만 하면 안 되나?' 싶기도 할 거야. 고백하자면 사실 나도 종종 그런 생각을 하거든. 근데 결국 누군가가 정말 좋고 소중해지면 가볍게 생각할 수가 없더라고. 저 사람도 행복하고 나도 행복하기 위해선 무엇을, 어떻게 바꿔야 할까 하고 진지하게 고민하게 되지. 이렇게 좋아하는 마음엔 큰 힘이 담겨 있으니까 그건 더 나은 세상을 만들기 위한 동력이 될 수 있다고 믿어.

그러니까 앞으로도 우리 함께 더 힘껏 아이돌을 좋아하자.

2026년 봄

박주연

1장 여돌과 남돌은 뭐가 달라요?

- 곽현수, 〈[Y초점] 피원하모니부터 에이티즈까지…과몰입 유발 세계관 맛집은 어디?〉, 《YTN》, 2024년 11월 5일.
- 김시언, 〈톺아보자. 아이돌 세계관의 지침서, 아이브의 나르시시즘〉, 《스타인뉴스》, 2022년 8월 21일.
- 남보라, 〈여성 아이돌은 혼잣말도 사과해라?…억지 비난이 만든 '칼국수 사과문'〉, 《한국일보》, 2024년 1월 29일.
- 동아닷컴, 〈강지영 '애교 영상', 유재석 요구에는 바로 "오빠~"〉, 《동아일보》, 2013년 9월 6일.
- 디지털뉴스부, 〈카라 강지영, 애교 요청에 '울음' 터뜨려…누리꾼들 "이게 뭔가요~"〉, 《디지털타임스》, 2013년 9월 5일
- 디지털뉴스팀, 〈'카라' 구하라·강지영, '라디오스타' 출연해 눈물… 태도 논란〉, 《경향신문》, 2013년 9월 5일.
- 서정민, 〈BTS, 미 '롤링스톤' 표지에…RM "남성성 꼬리표는 낡은 관념"〉, 《한겨레》, 2021년 5월 14일.
- 어환희, 〈연애 됐고 이것…여성팬도 빠져버린 4세대 K걸그룹 공통점〉, 《중앙일보》, 2023년 5월 9일.
- 이은호, 〈남돌은 배꼽티, 여돌은 수트…요즘 아이돌 '젠더리스' 패션〉, 《쿠키뉴스》, 2021년 6월 3일.
- 정빛, 〈엔하이픈 "뱀파이어 세계관 만족, 극분에 헌혈까지"〉, 《조선일보》, 2026년 1월 16일.
- 최은서, 〈'팔 근육' 안무·야구 방망이 든 4세대 걸그룹, 여성성 던졌다〉, 《한국일보》, 2023년 4월 5일.

- BBC 뉴스 코리아, 〈미묘하지만 만연한 직장 내 '먼지 차별'〉, 《BBC 뉴스 코리아》, 2018년 4월 20일.
- Gladys Yeo, 〈MAMAMOO's Moonbyul wants to "challenge the binary view of gender" with music〉, 《NME》, 2022년 1월 19일.
- 홍석천의 보석함, 〈[홍석천의 유익함] Ep 13. 젠더리스 컨셉으로 뜨거운 엑스러브!!〉, 《유튜브》, https://www.youtube.com/watch?v=M9NIX2HQKcl(접속일: 2026년 2월 23일)
- BT21, 〈[BT21] BT21 UNIVERSE 2 EP.09 – TRUE OR FALSE 2〉, 《유튜브》, https://www.youtube.com/watch?v=b5uuPMCy_rA(접속일: 2026년 2월 23일)
- MTV, 〈Amber Liu Is Proud To Be An Androgynous Asian-American Artist Ep.3〉, 《유튜브》, https://www.youtube.com/watch?v=Fz3AFw-1xKM(접속일: 2026년 2월 23일)

2장 외모지상주의가 삼킨 케이팝 월드

- 김선근, 〈[연예수첩] 다이어트가 뭐길래! 몰래 먹는 아이돌들〉, 《KBS》, 2017년 8월 4일.
- 김성수, 〈'성적은 비밀'…"성적 공개는 인권침해"〉, 《KBS》, 2022년 7월 11일.
- 김수형, 〈'쌍수논란' 종결…블랙핑크 로제, 무쌍 완벽 인증〉, 《OSEN》, 2024년 8월 12일.
- 김승직, 〈최근 5년새 폭식증·거식증 식이장애 환자 급증…80%가 여성〉, 《메디칼타임즈》, 2023년 7월 17일.
- 온라인중앙일보, 〈'무쌍' 매력 사라져 얼굴 변했단 얘기 듣는 아이돌〉, 《일간스포츠》, 2017년 11월 4일.
- 유수연, 〈"사무실 앞 몸무게 공개"… 아이 돌 잡는 다이어트 압박〉, 《조선일보》,

2024년 7월 13일.

- 장인영, 〈'173cm' 장원영, 뜻밖의 키 논란? "진실만을 말했다" 해명 ing〉, 《엑스포츠뉴스》, 2023년 10월 22일.
- 전다현, 전현건, 〈[K팝: 이상한 나라의 아이돌] 아이돌 10년, 다이어트와 위경련이 일상이었다〉, 《한국일보》, 2024년 7월 16일.
- Jessi Kneeland, 〈Why Body Neutrality Works Better Than Body Positivity〉, 《TIME》, 2023년 5월 13일.
- 국민건강보험공단, 〈최근 5년간 섭식장애 진료 현황〉, 2023년.
- 질병관리청, 〈청소년건강행태조사〉, 2025년.

3장 〉 좋아하니까, 응원하니까 그런 거예요

- 이용해, 〈사생팬 아닌 '사생범'으로 불려야 하는 이유[이용해 변호사의 엔터Law 이슈]〉, 《중앙일보》, 2024.11.23.
- 전보교, 〈간미연 안티팬에게 "커터칼, 지옥 혈서, 물총세례" 시달려〉, 《경향신문》, 2013년 11월 7일.
- 조광형, 〈BTS 정국, 자택 이어 주차장까지 '스토킹' 피해…40대 여성 '현행범' 체포〉, 《뉴데일리》, 2025.9.1.
- 조윤영, 〈카리나, 결국 자필 '연애 사과문'…외신 "K팝 산업·팬 압박 강해"〉, 《한겨레》, 2024년 3월 8일.
- 최서인, 〈"앨범 180개 샀는데 날 버리다니' 카리나 열애설에 악성 댓글〉, 《중앙일보》, 2024년 2일 29일.
- 최서인, 〈'카리나 널 내가 어떻게 키웠는데'…열애설에 팬들 광분 왜〉, 《중앙일보》, 2024년 3월 9일.
- 한경닷컴 뉴스팀, 〈"박지윤 강타 팬들이 손가락 욕…교복 공포증 생겨〉, 《한국경제》, 2011년 5월 13일.

- 홍혜민, 〈윤은혜 "염산 물총 테러에 실명 의기, 트라우마 힘들었다"〉… 충격 고백, 《한국일보》, 2025년 9월 11일.

4장 아이돌도 일하는 사람입니다만?

- 김나연, 〈학생은 일하다 다치고, '공짜 근두'해도 되나요?…현장실습생 산재·권익 침해 5년간 178건〉, 《경향신문》, 2023년 10월 18일.
- 김균종, 〈동방신기 손 들어준 공정위…SM, 노예계약 시정〉, 《SBS 뉴스》, 2010년 12월 23일.
- 박병률, 문주영, 〈공정위 '노예계약'에 칼 댄다〉, 《경향신문》, 2009년 3월 17일.
- 박주연, 〈표준계약서, '제2의 장자연' 예방할까〉, 《주간경향》, 2009년 7월 21일.
- 윤고은, 〈故 장자연, 계약금 300만원에 위약금 1억원?〉, 《연합뉴스》, 2009년 7월 6일.
- 이재헌, 이동희, 〈[2024 노동 국감] 하니가 쏘아 올린 공…'특고까지 괴롭힘 보호 확대' 계기 될까〉, 《월간노동법률》, 2024년 10월 15일.
- 이태수, 〈이승기, 결국 후크와 결별 택해·전속계약 해지 통지서 발송〉, 《연합뉴스》, 2022년 12년 1일.
- 장우영, 〈5년간 58만원, 2년 만 52억원··아이돌 정산, 시기도 금액도 천차만별 [Oh!쎈 이슈]〉, 《OSEN》, 2024년 5월 2일.
- 전다현, 전현건, 〈[K팝: 이상한 나라의 아이돌] "16세는 고령" 연습생의 시간은 거꾸로 간다〉, 《비즈한국》, 2024년 8월 21일.
- 주하은, 〈현장실습 중 사망한 학생, '저렴한 노동력' 취급 받았나〉, 《시사in》, 2022년 7월 13일.
- 차지연, 〈가수 '상위 1%' 63명 연소득 34억원…1%가 전체소득 53% 차지〉, 《연합뉴스》, 2020년 10월 26일.
- 최유경, 〈"뉴진스 하니, 근로자 아냐" ··고용부, '직장내괴롭힘' 민원 종결〉,

《KBS》, 2024년 11월 20일.

- 홍윤지, 〈(단독) 엑소 첸·백현·시우민 "SM 노예계약" 주장이 풀어야 할 2가지 과제〉, 《법률신문》, 2023년 6월 3일.
- 대중문화예술인(가수·연기자) 표준전속계약서.
- 대중문화예술분야 연습생 표준계약서.
- 근로기준법 제2조.

5장 덕질하면서 '정치적' 목소리 내면 안 돼요?

- 김범태, 〈동방신기 '족쇄' 푼 카시오페아…팬덤의 승리〉, 《오마이뉴스》, 2009년 10월 28일.
- 김상화, 〈마마무 공연, '사상 초유' 팬투표로 연기…막강해진 팬덤의 힘〉, 《오마이스타》, 2018년 11월 18일.
- 김선홍, 〈뉴진스 팬들, 어도어 경영진 고발…"뉴진스 연예활동 침해"〉, 《연합뉴스》, 2024년 10월 11일.
- 김효실, 〈'포토카드' 탓 사고 또 사고…커 이팝 앨범 6천만 장 쓰레기 어디로〉, 《한겨레》, 2022년 11월 17일.
- 이가혁, 〈결국 민희진이 옳았다…"팬싸게 80만 원, 내가 덕질 멈춘 이유"〉, 《JTBC 뉴스》, 2024년 5월 10일.
- 정혜원, 〈K팝 팬덤의 목소리 '트럭 시위'를 보는 시각[이슈S]〉, 《스포티비 뉴스》, 2023년 8월 6일.
- 한지은, 〈[포켓이슈] 한 사람이 음반 100장을 산다?…K팝의 '플라스틱 그늘'〉, 《연합뉴스》, 2023년 11월 11일.
- Shreyas Reddy, 〈K-pop fans emerge as a powerful force in US protests〉, 《BBC》, 2020년 6월 11일.
- Patpicha Tanakasempipat, 〈K-pop's social media power spurs Thailand's

youth protests〉, 《Reuters》, 2020년 11월 6일.

- 서울퀴어문화축제, 〈마마무의 퀴어 팬덤 "무지개무무"의 퀴어문화축제 후원 달성〉(뉴스레터), 제17호 People , 2017년 7월 10일.

6장 '모두'가 즐기는 케이팝 시대

- 남지은, 〈청각장애는 조금 불편할 뿐…희망 메신저 아이돌 '빅오션'〉, 《한겨레》, 2024년 4월 25일
- 민경원, 〈"힌두교 신이 장난감이냐" 블랙핑크 뮤비에 뿔난 인도 네티즌〉, 《중앙일보》, 2020년 7월 12일.
- 박주연, 〈퀴어 시청자들을 낚는 '퀴어베이팅'을 아시나요〉, 《일다》, 2019년 8월 22일.
- 양현주, 윤소연, 〈"현아가 쓴 흑인용 곱슬더리 가발, 이게 지금 K팝이 놓친 것"〉, 《중앙일보》, 2022년 8월 14일.
- Tamar Herman, 〈Fans of NCT U criticise K-pop group again for using Islamic imagery in new song〉, 《South China Morning Post》, 2020년 10월 27일.
- 큐플래닛, 〈사실은 퀴어들이 만든 케이팝 속 음악 장르들을 알려드립니다 | 퀴어돌 영업왕〉, 《유튜브》, https://www.youtube.com/watch?v=YBUaT_pSNNk(접속일: 2026년 2월 23일)
- 행정안전부, 〈국내 거주 외국인 주민 수 258만 명, 총인구 대비 5%, 지속적인 증가세 이어가〉(보도자료), 2025년.